W0401022

STARK

ABITUR 2011

Prüfungsaufgaben
mit Lösungen

Englisch

Gymnasium
Thüringen
2006–2010

STARK

ISBN 978-3-89449-241-0

16. neu bearbeitete und ergänzte Auflage
www.stark-verlag.de

Inhalt

Abiturprüfungen Leistungskurs

Jeweils zu Beginn des neuen Schuljahres erscheinen die neuen Ausgaben der Abitur-Prüfungsaufgaben mit Lösungen.

Die Hördateien zu den *Listening comprehension*-Aufgaben können Sie kostenlos von der Homepage des Stark Verlages herunterladen: www.stark-verlag.de/englisch/165460-hoerverstehen

Autoren:

Lösungen zu den Abitur-Prüfungsaufgaben: 2006: Heidrun Poser, 2007–2008: Paul Jenkinson, 2009/2010: Olaf Röll

Kurzgrammatik: Gabriele Achhammer

Anforderungsebenen und ausgewählte Leitbegriffe: Rainer Jacob

Hinweise zu Themenkomplexen und zur Textaufgabe: Olaf Röll

Hinweise zum Hörverstehen: Carmen Mendez

Figures of Speech: Dieter Hannack und Klaus Reitemeier

Übungsaufgaben Hörverstehen: Dieter Hannack (Aufgabe 2/3), Jürgen Nauman (Aufgaben 1, 4, 5)

Vorwort

Liebe Schülerinnen, liebe Schüler,

bald werden Sie Ihre zentrale Abiturprüfung im Fach Englisch ablegen. Wir möchten Sie gerne auf Ihrem Weg zu einem guten Abschluss begleiten und Ihnen helfen, sich mit den Anforderungen des Abiturs in Thüringen vertraut zu machen.

Mithilfe der folgenden Aufgaben und Lösungsvorschläge haben Sie die Möglichkeit, gezielt und umfassend in Ihre (nähere) Zukunft zu investieren. Dieser Band enthält die **Original-Prüfungsaufgaben** der letzten Jahrgänge. Anhand von **Musterlösungen** können Sie herausfinden, in welchen Teilbereichen Sie Ihre Kompetenzen weiter verbessern müssen.

Bevor Sie mit den Beispielklausuren beginnen und eigene Lösungen formulieren, lesen Sie bitte zuerst die allgemeinen Hinweise zu **Themenkomplexen**, zur Bearbeitung von **Hörverstehensteil** und **Textaufgabe** und zur **Bewertung** der Abiturprüfung in Thüringen. Hier finden Sie außerdem Erklärungen und Beispiele zu wichtigen **Operatoren** und **rhetorischen Mitteln** sowie **hilfreiche Wendungen**, die Sie in Ihren Lösungen verwenden können.

Anschließend können Sie anhand von **Beispielklausuren** Ihr Wissen überprüfen. Bei diesen Klausuren handelt es sich um **Original-Prüfungensaufgaben** für das Leistungsfach der Jahrgänge **2006** bis **2010**. Mit diesen Aufgaben können Sie sich auf die **Prüfung auf erhöhtem Anforderungsniveau** wie sie ab **2011** gestellt wird vorbereiten. Alle gegebenen Antworten sind Beispielantworten. Unsere Hinweise zur Lösung der Aufgaben werden Ihnen helfen, Schwierigkeiten zu erkennen und aus ihnen zu lernen.

Sollten nach Erscheinen dieses Bandes noch wichtige **Änderungen** im Abitur 2011 vom Thüringer Ministerium für Bildung, Wissenschaft und Kultur (TMBWK) bekannt gegeben werden, finden Sie aktuelle Informationen dazu im Internet unter:
www.stark-verlag.de/info.asp?zentrale-pruefung-aktuell.

Wir wünschen Ihnen bei der Arbeit mit diesem Band und bei Ihrer Prüfung **viel Erfolg**!

Stichwortverzeichnis

Points of Interest

Literature

Ray Bradbury, *Fever Dream* in: To Sing Strange Songs 06-7/8
Giles Gordon, T*hree Resolutions to One Kashmiri Encounter* 07-8/9
Nick Hornby, *Slam* 09-12/13
Kazuo Ishiguro, *Never Let Me Go* 10-12/13
Frank McCourt, *Angela's Ashes* 08-11/12

Hinweise

Hinweise und Tipps

1 Themenkomplexe

Die Inhalte der Prüfungsteile A (Hörverstehen) und B (Textaufgabe) ergeben sich aus den fünf obligatorischen Themenkomplexen, die im Thüringer Lehrplan vorgegeben sind. Dabei ist zu berücksichtigen, dass der jeweilige Fachlehrer über die Auswahl inhaltlicher Schwerpunkte sowie die Art, die Reihenfolge und die Tiefe der unterrichtlichen Behandlung entscheidet. Die Auswahl der Prüfungsthemen erfolgt jedoch durch eine zentrale Kommission. Hier eine Übersicht möglicher Themen:

- **Adolescence:** e. g. Education – plans for the future, The generation gap, Love and friendship, Subcultures, cults, drugs
- **People in Society:** e. g. Understanding people being different, Tolerance versus hate and violence, The role of women, Job market, Consumerism
- **Politics and Economy:** e. g. Understanding political and economic reality, Reflecting on history, Living and working together in Europe, Living in the Global Village, Current affairs
- **Environment, Science and Technology:** e. g. Living with nature, Fighting pollution, Developments in science and technology, The ethics of science
- **Culture and the Mass Media:** e. g. The world of music, Literature and the arts, Cultural traditions and trends, The world of the mass media

2 Hinweise zum Hörverstehen

Ablauf der Prüfung und Vorgehensweise

Im Englischabitur erwartet Sie eine sogenannte kombinierte Aufgabe, die neben einer Textaufgabe eine Aufgabe zum Hörverstehen umfasst. Um eine solche Aufgabe möglichst gut zu bewältigen, sollten Sie sich zuvor mit dem Aufgabenformat bekannt machen und Strategien zum gezielten Hören entwickeln. Beachten Sie, dass Sie **keine Hilfsmittel** verwenden dürfen. Der Prüfungsteil Hörverstehen dauert 30 Minuten und wird in **verbindlich festgelegter Form** durchgeführt:

- Sie haben 4 Minuten, um das Aufgabenblatt zu lesen.
- Sie hören dann den Text zum ersten Mal.
- Sie haben weitere ca. 7 Minuten, um das Aufgabenblatt ein erstes Mal zu bearbeiten.
- Sie hören den Text nun ein zweites Mal.
- Sie haben abschließend wieder ca. 7 Minuten, um Ihr Aufgabenblatt zu vervollständigen. Dieses müssen Sie dann abgeben.

Lesen Sie sich zuerst die **Aufgabenstellungen** genau durch und markieren Sie wichtige Schlüsselwörter. Machen Sie sich beim Lesen das Aufgabenformat bewusst: Wird Global-

oder Detailverständnis erwartet? Welche Form von Antworten sollen Sie geben? Die Aufgaben werden in chronologischer Folge zum Hörtext gestellt. Neu im Vergleich zu Aufgaben in der Unter- und Mittelstufe ist, dass die möglichen Antwortvarianten bzw. Aufgaben zum einen in komplexerer Form – also nicht in Form von Richtig/Falsch Antworten – und des weiteren nicht im Originalwortlaut des Hörtextes gegeben, sondern umschrieben werden. So wird geprüft, ob Sie den Text auch inhaltlich erfasst haben. Mögliche Aufgabenformen werden im Folgenden dargelegt.
Konzentrieren Sie sich beim **ersten Hören** vor allem auf den zusammenhängenden Inhalt des Textes. Machen Sie sich beim Hören so viele Notizen wie möglich, in welcher Form auch immer. Versuchen Sie dabei nicht, das Gehörte ins Deutsche zu übersetzen, sondern machen Sie sich englischsprachige Notizen. Sollten Sie etwas nicht genau verstehen, schreiben Sie einfach die von Ihnen gehörte Version auf – Sie können später immer noch versuchen, aus dem Kontext zu erschließen bzw. zu erraten, was gesagt worden ist. Füllen Sie auf dem Aufgabenblatt alle Teile aus, bei denen Sie sich sicher sind.
Konzentrieren Sie sich beim **zweiten Hören** insbesondere auf Detailinformationen und die noch bestehenden Lücken in Ihren Antworten. Achten Sie auf die genaue Wiedergabe des Gehörten in den Antworten. Prüfen Sie abschließend die Logik Ihrer Antworten: Sind die Antworten schlüssig oder gibt es Widersprüche? Raten Sie abschließend lieber, um Lücken – insbesondere bei Multiple-Choice-Aufgaben – zu füllen, als Leerstellen stehen zu lassen.
Schauen Sie bei der Arbeit mit den Hörverstehensaufgaben dieses Bandes auf keinen Fall auf die Transkription der Hörtexte, sondern versuchen Sie zunächst, die Aufgaben durch (zweimaliges) Hören vollständig zu lösen. Sollten Sie nach zweimaligem Hören nicht alle Antworten gefunden haben, nehmen Sie einen Stift mit einer anderen Farbe, um die Antworten nach weiteren Hördurchgängen zu vervollständigen. So erhalten Sie zugleich ein realistisches Feedback über Ihr Leistungsvermögen. Lesen Sie die Transkription des Textes abschließend noch einmal beim Hören durch, um zu prüfen, wo Sie ggf. Probleme im Hörverstehen hatten.

Aufgabenformate

Auswählen von Antworten *(multiple choice):*
Wählen Sie eine oder mehrere richtige Antworten aus den vorgegebenen Antwortmöglichkeiten aus. Beispiel:

In the early days school attendance was
☐ *not demanded by law.*
☐ *required by law.*
☐ *decided by local authorities.*

Bei dieser Aufgabenform werden meist drei bis vier Antwortmöglichkeiten zur Wahl gestellt. Die Anzahl der möglichen Lösungen wird mitgeteilt – dies kann eine Lösung sein, aber auch mehrere Antworten sind möglich. Achten Sie also genau auf die Aufgabenstellung. In der Regel unterscheiden sich die Antworten in unterschiedlichen Nuancen von der Lösung. Sie können daher im Ausschlussverfahren vorgehen. Sollten Sie die Antwort nicht genau wissen, raten Sie lieber, als gar keine Antwort zu geben.

Zuordnen von Antworten *(matching):*
Sie sollen eine Reihe von Antworten zueinander in Beziehung setzen. Beispiel:

Match the statements to the people who are related to them.

1. They needed extra time to earn an additional income.	*A rural educators*
2. It became necessary to change the traditional system.	*B many people*

3. *Free public education is important for democracy.* C *city schools*
4. *They wanted a longer summer vacation.* D *national leaders*
5. *They wanted a shorter summer vacation.* E *teachers*

Hier müssen Sie eine Fülle von Informationen, die auf unterschiedliche Art und Weise gegeben werden können (z. B. in Form einer Tabelle, als Grafik, Bilder oder Sammlung von Stichworten zueinander durch Pfeile, Nummerierung oder eine andere Kennzeichnung) in Beziehung setzen oder ordnen. Achten Sie auf die genaue Aufgabenstellung.

Lückentext ***(gap-filling, completing):***
Füllen Sie vorgegebene Lücken aus. Beispiel:

A lot of rural ________________ however aimed at a longer school year.

Diese Aufgabe erfordert die Identifikation einzelner Wörter aus dem Hörtext. Erschwert wird die Aufgabe dadurch, dass die auszufüllenden Sätze nicht vollständig den Originalwortlaut des Hörtextes wiedergeben, sondern dass Satzbestandteile durch Synonyme ersetzt oder paraphrasiert werden. In der Antwort muss aber das tatsächlich im Hörtext vorkommende Wort eingefügt werden. Sie dürfen in Ihrer Antwort keine Umschreibungen verwenden.

Ergänzen von Informationen ***(adding, listing, naming):***
Sie werden aufgefordert, fehlende komplexere Informationen zu ergänzen. Beispiel:

Some schools changed calendars by
- *lengthening the school day.*
- ________________________
- *doing both.*

Oder: *Name the global changes caused by man. Refer only to what you have heard in the broadcast.*

Das Ergänzen von Informationen kann durch unterschiedliche Aufgabenstellungen erfolgen, z. B. durch grafische Vorgaben, durch begonnene Kettensätze und Aufzählungen, durch offene Fragen. Achten Sie darauf, dass der vorgegebene Antwortrahmen nicht immer den vollständigen Originalwortlaut wiedergibt. Sie müssen die gesuchten Antworten nicht in eigenen Worten umschreiben, wie dies bei Textaufgaben gefordert wird, sondern möglichst den Originalwortlaut des Hörtextes wiedergeben. Sollten Sie die Inhalte nicht komplett im Original verstanden und notiert haben, formulieren Sie in eigenen Worten. Achten Sie dabei auf Klarheit und Präzision – für eine vage Antwort erhalten Sie keine Punkte. Erfinden Sie aber keine Antworten. Sie sollen nicht nachweisen, was Sie noch wissen, sondern was Sie verstanden haben. Rechtschreibung und Grammatik werden – sofern sie nicht sinnentstellend sind – nicht gewertet. Denn es wird Ihr Hörvermögen geprüft und nicht Ihre Orthografie- und Grammatikkenntnisse.

3 Hinweise zur Textaufgabe

Es werden **zwei Aufgaben zur Auswahl** gestellt. Sie haben für die Bearbeitung 240 Minuten Zeit. Einer Aufgabe liegt ein Sachtext, der anderen ein Sachtext oder ein literarischer Text zu Grunde. Der Textumfang beträgt ca. 500 bis 800 Wörter, dies trifft allerdings nicht bei einem Gedicht als Textvorlage zu. Die Textvorlagen können vielfältig sein und auch Bilder bzw. grafische Darstellungen einschließen (z. B. ein Text, zwei oder mehrere kürzere Texte, Text-Bild-Kombination, Tabelle, Diagramm). Unterschiedliche Texttypen und Textsorten können auftreten.

Struktur der Textaufgabe

Die Textaufgabe besteht aus 3 bis 5 Teilaufgaben. Eine komplexere Aufgabenstellung ist aber auch möglich. (*Beispiel: Interpret the text. Concentrate on …*) Beachten Sie, dass sich die Teilaufgaben auf alle Materialien (z. B. Text und Bilder) beziehen (können).

Die ersten Teilaufgaben überprüfen meist das **Textverständnis**. Hier sind vielfältige Aufgabenstellungen möglich, wie z. B. das Schreiben einer Textzusammenfassung, das Auflisten, Nennen, Beschreiben oder Erklären von Textinhalten, das Definieren von Begriffen, das Darstellen und Strukturieren (vgl. Operatoren: *classify, categorize, contrast, illustrate*) von Aspekten in vielfältigen Formen: z. B. Liste, Tabelle, Mindmap, Diagramm, Zeitleiste, Handout. Einen Überblick über wichtige Operatoren erhalten Sie nachfolgend unter „Anforderungsebenen und ausgewählte Leitbegriffe (Operatoren)".

Es ist auch möglich, dass Sie Textinhalte durch eigene Beiträge (Beispiele) und/oder Wertungen ergänzen müssen.

Die folgenden Aufgaben erfordern in der Regel eine **Textanalyse**. Einen Text zu analysieren bedeutet immer, dass Sie Ihre Aussagen mit Beispielen aus dem Text belegen müssen. Analyseaufgaben beziehen sich auf den Inhalt, die Struktur und/oder die Sprache des Textes. Hier ist es wichtig, die Einheit von Inhalt und Form zu berücksichtigen. Zur Analyse sind in Abhängigkeit von der Textkategorie (fiktionaler oder nicht-fiktionaler Text) vielfältige Aufgaben möglich. Sie können komplexer Art sein, wie etwa:

- *Analyse how the author tries to evoke emotions in the reader. Refer to content and some means of language.* (LK 2007, Aufgabe 2)
- *Interpret the scenes […] considering content and language.* (LK 2009, Aufgabe 2)

Sie können aber auch ganz konkret formuliert sein, wie etwa:

- *Characterise the narrator's parents.*
- *Concentrating on the author's choice of words, interpret the tone of the text.* (LK 2008, Aufgabe 2)
- *Examine the style and explain its effect on the reader.* (LK 2010, Aufgabe 2)

Aus dem Thüringer Lehrplan ergeben sich folgende Schwerpunkte zur Textanalyse:

- inhaltliche Analyse (Thema, Intention, bei fiktionalen Texten Setting, Figurenkonstellation, Figurencharakteristik, Erzählperspektive, Stimmungsgehalt/Ton, …)
- strukturelle Analyse (Textkomposition und Textsortenmerkmale, z. B. *report, editorial, letter, advertisement, speech, novel/drama extract, short story, poem*)
- sprachlich-stilistische Analyse (Stilebene, Wortwahl, syntaktische und typografische Besonderheiten, Unterschiede zwischen gesprochener und geschriebener Sprache sowie einfache rhetorische Figuren wie *metaphor, simile, symbol, personification, repetition*). Vergleichen Sie hierzu auch die nachfolgende Übersicht wichtiger rhetorischer Mittel.

Die letzte Teilaufgabe ist eine **Transferaufgabe**, bei der Sie sich zu einem Thema, das sich aus dem Inhalt des Textes ergibt, schriftlich äußern müssen, oft ausgehend von einem Zitat oder einer Karikatur. Die Textsorte wird Ihnen entweder vorgegeben oder Sie müssen sie aus dem entsprechenden Operator ableiten (Beispiel: *Discuss* → Erörterung). Auch die Mindestwortzahl wird entweder vorgegeben oder ergibt sich aus der Aufgabe. Als Orientierung gilt: 300 bis 400 Wörter.

Hier einige Beispiele möglicher Textsorten: *comment, argumentative/expository essay, informal/formal letter, letter to the editor, CV, (book, film …) review, diary entry, newspaper article (report, editorial), e-mail, continuation of a story, dialogue, speech, interpretation of a cartoon/picture.*

Tipps zur Aufgabenwahl und -bearbeitung

Nehmen Sie sich für die Aufgabenwahl ca. 30 Minuten Zeit. Lesen Sie sich beide Texte mit den zugehörigen Aufgaben in Ruhe und ohne Verwendung des Wörterbuches durch. Lassen Sie sich bei Ihrer Entscheidung für eine Aufgabe nicht primär von Schwierigkeitsgrad und Thema des jeweiligen Textes leiten, sondern konzentrieren Sie sich auf die Aufgabenstellungen. Markieren Sie die Operatoren in den Arbeitsanweisungen und überlegen Sie bei jeder Teilaufgabe, ob Ihnen die **Bedeutung des Operators** bewusst ist. Welche Darstellungsart ist notwendig? Beherrschen Sie diese? Einige Operatoren verlangen zwingend das Schreiben eines kohärenten Textes *(analyse, comment, define, describe, discuss, evaluate, explain, interpret, summarize)*, andere *(categorize, classify, contrast, list, make an outline, name)* erfordern die Darstellungsart, z. B. in Form einer Liste, einer Tabelle oder eines Mindmaps. Achten Sie bei den Teilaufgaben auf Hinweise wie: *Choose a suitable form. / Present … in a suitable, well-structured way.*

Überlegen Sie bei der Transferaufgabe, welche Textsorte hier verwendet werden muss und ob Sie deren Textsortenmerkmale kennen. Verfügen Sie auch über das notwendige Wissen, um schlüssig argumentieren zu können?

Wenn Sie sich für eine Aufgabe entschieden haben, lesen und bearbeiten Sie den Text unter Berücksichtigung der einzelnen Aufgaben. **Markieren** Sie im Text (am besten mit unterschiedlichen Farben oder Unterstreichungen), welche Aspekte für die jeweilige Aufgabe wichtig sind und machen Sie sich eventuell stichpunktartig **Notizen**.

In der Regel werden alle **Teilaufgaben separat bearbeitet**. Machen Sie auf jeden Fall deutlich, welche Teilaufgabe Sie bearbeiten, indem Sie treffende **Teilüberschriften** auf der Grundlage der konkreten Aufgabenstellungen formulieren. Manchmal bietet es sich aber auch an, Teilaufgaben zum Textverständnis und zur Textanalyse **in einem geschlossenen Text** zu bearbeiten. Sollten Sie sich für diese Variante entscheiden, dann achten Sie darauf, dass der Text einen sinnvollen Aufbau (Einleitung – Hauptteil – Schluss) hat, und dass Sie die Lösungen zu den einzelnen Teilaufgaben logisch miteinander verknüpfen.

Sprache und Stil

Verwenden Sie beim Formulieren Ihrer Aufgabenlösungen **eigene Worte**. Übernehmen Sie so wenige Formulierungen aus dem Text wie möglich (Tipp: Notieren Sie sich bereits beim Nachschlagen unbekannter Wörter Synonyme!). Wenn Sie jedoch aus dem Text zitieren müssen, dann beachten Sie die **Regeln des direkten und indirekten Zitierens** und geben Sie die entsprechenden Zeilen in Klammern nach dem Zitat an, z. B. bei direkten Zitaten: *"…"(l. 12)* oder bei indirekten Textbezügen: … *(cf. ll. 13–15).*

Verwenden Sie bei allen Inhalts- und Analyseaufgaben einen **neutralen bis formellen Stil**. Verzichten Sie auf umgangssprachliche Wendungen und bevorzugen Sie eher formellere Satzverknüpfungen wie: *In addition, Furthermore, However, Nevertheless, In contrast.* Vermeiden Sie beispielsweise *And, But* oder *So* am Satzanfang (vgl. nachfolgende Beispiele in „Hilfreiche Wendungen").

Gehen Sie bei der Transferaufgabe von den Merkmalen der geforderten Textsorte aus. Davon hängt auch der Stil ab, den Sie verwenden sollten. Ein persönlicher Brief an einen Freund muss z. B. informell sein, eine Erörterung dagegen formell. Wichtig ist, dass Sie sich vor dem Formulieren Ihres Textes eine stichpunktartige Gliederung anfertigen.

Nutzen Sie **einsprachige** und **zweisprachige Wörterbücher**, die in der Prüfung als Hilfsmittel zugelassen sind. Sie enthalten meist Formulierungshilfen und Muster für verschiedene Textsorten, oft gibt es auch eine Kurzgrammatik und andere vielfältige Hinweise zur korrekten Verwendung der Sprache. Machen Sie sich unbedingt vor der Prüfung ausführlich mit den Inhalten und Möglichkeiten Ihres Wörterbuches vertraut.

Bearbeiten Sie immer alle Teilaufgaben, auch wenn Sie sich bei einer Aufgabe unsicher sein sollten. Wenn Sie einzelne Aufgaben nicht bearbeiten, erhalten Sie neben den inhaltlichen Abzügen auch prozentuale Abzüge im Bereich der sprachlichen Leistung.

Nehmen Sie sich Zeit für das Korrekturlesen. Achten Sie insbesondere darauf, inhaltliche Wiederholungen zu vermeiden. Überprüfen Sie die sprachliche Korrektheit und den Stil Ihrer Texte. Kontrollieren Sie nochmals, ob sie mit vollständigen und schlüssigen Argumenten gearbeitet haben.

4 Bewertung

Prüfungsteil A Hörverstehen:
Bewertung mit insgesamt 15 Bewertungseinheiten (BE).
Inhaltliche Einzelaspekte können mit 1, 2 oder 3 BE bewertet werden. Es werden ausschließlich inhaltliche Richtigkeit und Vollständigkeit bewertet, nicht sprachliche Korrektheit, sofern es sich nicht um sinnentstellende Fehler handelt.

Prüfungsteil B Textaufgabe:
Bewertung mit insgesamt 40 BE, die sich wie folgt verteilen:

inhaltliche Leistung	
• Qualität von Informationsgewinnung und -verarbeitung	10 BE
• Qualität von Informationstransfer	6 BE
• Qualität der Darstellung	3 BE
	19 BE
sprachliche Leistung	
• Verständlichkeit und sprachliche Korrektheit	12 BE
• Ausdrucksvermögen	9 BE
	21 BE

Unangemessene wörtliche Übernahmen aus der Textvorlage führen zum Abzug von BE im Bereich Ausdrucksvermögen. Dabei wird aber die Verhältnismäßigkeit in Bezug auf die gesamte Bearbeitung des Prüfungsteils B angemessen berücksichtigt.

Zur Beachtung:
- Außergewöhnliche Ideen bei der Umsetzung der Aufgabenstellungen können zusätzlich mit 1 BE honoriert werden.
- Kann die inhaltliche Leistung nur mit 0 BE bewertet werden, so können auch für die sprachliche Leistung nur 0 BE erteilt werden.
- Lassen Sie einen Schwerpunkt bzw. Aufgabenschwerpunkt ungelöst, so erfolgt auch ein Abzug im Bereich der sprachlichen Leistung. Die Höhe des Abzugs ergibt sich jeweils aus der Aufgabenstellung in ihrer Gesamtheit und wird von Ihrem Lehrer im konkreten Einzelfall festgelegt.

Zur Ermittlung des Gesamtergebnisses werden die Bewertungseinheiten aus Teil A und B addiert und die Notenpunkte mit Hilfe dieser Notentabelle festgelegt:

BE	Noten-punkte	Note	BE	Noten-punkte	Note
55–54 53–52 51–49	15 14 13	+ 1 –	30–28 27–25 24–22	6 5 4	+ 4 –
48–46 45–43 42–40	12 11 10	+ 2 –	21–19 18–16 15–13	3 2 1	+ 5 –
39–37 36–34 33–31	9 8 7	+ 3 –	12–0	0	6

5 Anforderungsebenen und ausgewählte Leitbegriffe (Operatoren)

Die folgenden Erläuterungen zu einzelnen Arbeitsanweisungen sollen Ihnen einen Einblick vermitteln, wie die Aufgabenstellung zu verstehen ist und welche Leistung von Ihnen erwartet wird. Ganz genau und endgültig kann dies jedoch nicht festgelegt werden, da es immer darauf ankommt, in welchem Kontext eine Arbeitsanweisung gestellt wird. Mit ein und demselben Operator lassen sich unterschiedlich komplexe Aufgaben formulieren. Das wird Ihnen sicher einleuchten, wenn Sie die Aufgabenstellung *Analyse the poem …* mit *Analyse the function of the first paragraph of the article …* vergleichen. Sie müssen also die Aufgabe genau lesen.
Rückschlüsse auf den Umfang Ihrer Lösung können Sie ziehen, wenn Sie sich die Formulierung der Aufgabe noch einmal klar machen. Bei einer globalen Arbeitsanweisung (*Analyse the poem …*) müssen Sie selbstverständlich weiter ausholen, als wenn Sie z. B. aufgefordert werden, einen bestimmten Begriff zu definieren.

1. **analyse:** Untersuchen Sie etwas genau, indem Sie es in seine Grundbestandteile zerlegen, um seine Bedeutung zu erklären und/oder zu seinem Aufbau Stellung zu nehmen.

   Bei der chemischen Analyse einer Substanz im Labor wird ein Stoff in seine Grundbestandteile aufgelöst, um die Beschaffenheit und Zusammensetzung zu erkennen und Rückschlüsse auf die Wirkungsweise ziehen zu können. Ähnlich gehen Sie bei der Analyse eines Textes vor. Sie untersuchen seine Grundbestandteile, nämlich Inhalt und Form, und klären den Zusammenhang zwischen diesen beiden Elementen in Bezug auf die Funktion. Sie untersuchen also, *was* ein Autor sagt (Inhalt), *wie* er es sagt (Form) und *warum* er es so sagt (Funktion). Das Verständnis des Ganzen soll durch die Zergliederung in seine Einzelteile ermöglicht werden. Diese Textanalyse kann an kürzeren oder umfangreicheren, an fiktionalen oder nicht-fiktionalen Texten durchgeführt werden.

   Beispiel:
   Analyse the opening paragraph.

   Wenn Sie einen Textanfang analysieren sollen, müssen Sie beschreiben, wovon die Passage handelt, wie und warum der Autor sie so gestaltet hat. Dem Beginn eines Textes kommt immer eine besondere Bedeutung zu. Die wichtigsten Funktionen sind

Hinführung zum Thema bzw. zur Geschichte und Motivation des Lesers, d. h. ihn anzuregen, weiter zu lesen.

- Anfang eines Sachtextes: Journalisten versuchen häufig die Aufmerksamkeit des Lesers zu gewinnen, indem sie ihren Text wie eine Story aufbauen: *"President Bush sat in his office when the phone rang and the director of the CIA ..."* Ein Sachtext kann auch mit der Erwähnung eines aktuellen Ereignisses oder der Klärung eines zentralen Begriffes einsetzen: *"When scientists talk of biodegradable products they mean ..."*
- Anfang eines literarischen Textes: Der Anfang eines Romans oder einer Kurzgeschichte kann ebenfalls dazu dienen, den Leser zum Weiterlesen einzuladen: *"I once saw a bloke try to kill himself."* (Alan Sillitoe, On Saturday Afternoon). Durch diesen ersten Satz der Kurzgeschichte wird auch die Erzählperspektive *(point of view)* festgelegt: Ich-Erzählung *(first-person narration).* Einem Autor kann es auch darum gehen, am Beginn den Schauplatz der Handlung darzustellen, eine Person einzuführen oder eine bestimmte Atmosphäre zu schaffen. Letztere Funktion ist eng mit der sprachlichen Gestaltung verbunden. Schauen Sie sich die Wortwahl genau an (im Besonderen die Adjektive).

2. **classify/categorize:** Gruppieren Sie Personen oder Dinge nach gemeinsamen Merkmalen.

   Beispiel:
   Classify the various forms of pollution the author mentions in his article.

   Mit dieser Aufgabe wird Ihr Verständnis des Inhalts und Ihr Abstraktionsvermögen geprüft. Sie müssen zunächst gemeinsame Merkmale finden und dann das, was Sie gefunden haben, strukturieren, d. h. Gemeinsames zueinander stellen. Im obigen Beispiel könnten das die Bereiche der Umweltverschmutzung sein, die der Verfasser anspricht: *air pollution, water pollution, noise pollution.*

3. **compare:** Stellen Sie Ähnlichkeiten und Unterschiede zwischen zwei oder mehreren Dingen dar und ziehen Sie Schlüsse daraus.

   Beispiel:
   Compare the British and the German forms of government.

   Auch in dieser Aufgabe geht es primär um Ihre Sachkenntnis und Ihr Inhaltsverständnis. Sie müssen die typischen Merkmale der beiden Regierungssysteme herausarbeiten und dann Gemeinsamkeiten und auffällige Unterschiede aufzeigen. Anschließend sollen Sie in einer Art Bilanzierung Schlussfolgerungen ziehen. Wenn Sie die Beispielaufgabe bearbeiten, könnten Sie eine Gemeinsamkeit z. B. im Bereich der Legislative in beiden Ländern ausmachen. Beide besitzen das Zwei-Kammmer-System *(two-chamber-system).* In Großbritannien werden die Gesetze durch *House of Commons* und *House of Lords* verabschiedet, in Deutschland sind dafür Bundestag und Bundesrat zuständig. Unterschiede könnten Sie bei der Exekutive herausarbeiten, indem Sie z. B. die Stellung des britischen Premierministers *(British Prime Minister)* mit der des deutschen Bundeskanzlers *(German Chancellor)* vergleichen. Eine Schlussfolgerung könnte sein: Die Position des Prime Ministers ist stärker als die des deutschen Kanzlers. Er kann relativ unabhängig vom Parlament agieren, d. h. er verfügt immer über eine klare Mehrheit.

4. comment: Äußern Sie eine begründete persönliche Meinung zu einem bestimmten Thema, Problem oder Standpunkt.

Beispiel:
Comment on the Chancellor's assessment of the BSE crisis.

Erwartet wird Ihre persönliche Meinung, ob der Kanzler die BSE-Krise richtig oder falsch eingeschätzt hat. Die Voraussetzungen für eine gute Lösung dieser Aufgabe sind Sachkenntnis, die aus dem vorliegenden Text gewonnen werden kann, und das Verfügen über die sprachlichen Mittel, eine Meinung überzeugend zu vertreten. Es geht weniger darum, das Problem noch einmal von mehreren Seiten zu beleuchten – das wäre eine Erörterung –, sondern Sie sollen zeigen, dass Sie argumentieren können.
Halten Sie in einem Einleitungssatz noch einmal kurz das Thema/Problem fest und leiten Sie dann zu Ihrer Meinung über. Folgen Sie dem dreistufigen Aufbau einer guten Argumentation:

- Behauptung/These *(In my view the Chancellor's way of dealing with the crisis is rather weak/ineffective/convincing ...)*
- Begründung *(because ...)*
- Beleg/Beispiel *(As we can see from ...)*

Schließen Sie Ihre Beweisführung mit einer Schlussfolgerung, einem Fazit, ab: *Therefore I would say/think ... As a result ... Consequently...*
Eine gute Note ist nicht davon abhängig, ob Sie – in diesem Beispiel – das Vorgehen des Kanzlers positiv oder negativ werten, oder ob Sie – in einem anderen Fall – für oder gegen eine Maßnahme sind. Sie lösen die Aufgabe gut, wenn Ihre Argumentationskette inhaltlich und sprachlich überzeugt.

5. contrast: Stellen Sie Informationen, Sachverhalte, Argumente, Urteile etc. einander beschreibend gegenüber.

Beispiel:
Contrast the attitudes of different EU member states towards the Euro.

Hier handelt es sich um eine Aufgabenstellung wie beim Leitbegriff *compare*, mit dem Unterschied, dass Sie sich hier auf die Unterschiede konzentrieren sollen. Dazu müssen Sie in unserem Beispiel wissen bzw. dem Text entnehmen, welche Auffassungen die einzelnen EU-Länder in Bezug auf die Euro-Währung haben. Aufzeigen sollen Sie dann auffällige Unterschiede in den Vorstellungen der einzelnen Regierungen. Am lohnendsten ist es hier, wenn Sie sich auf die Differenzen konzentrieren, die am stärksten ins Auge fallen. Die Aufgabenstellung wird sich in der Regel nur auf Themenbereiche beziehen, bei denen Sie klare Unterschiede herausarbeiten können.

6. criticize: Drücken Sie Ihre Missbilligung eines Verhaltens, einer Einstellung einer Person gegenüber aus oder beurteilen Sie die Vor- oder Nachteile eines Verhaltens, einer Entscheidung usw.

Beispiel:
Criticize the government's decision to do away with military service.

Mit dieser Anweisung werden Sie aufgefordert, zu einem Sachverhalt Stellung zu nehmen. Anders als bei einer Erörterung (siehe Arbeitsanweisung *discuss*) sind Sie nicht der neutrale Betrachter, der abwägt, sondern es wird Ihnen die Rolle des Kritikers zugewiesen, der seine Meinung zum Ausdruck bringt. Hier gehen Sie allerdings wieder vor wie bei der Erörterung: Sie stellen Ihre persönliche These auf, die Sie durch eine sinnvolle Begründung und ein anschauliches Beispiel belegen. Es ist oft ratsam, auf gegnerische Argumente einzugehen, d. h. an sie anzuknüpfen, um dann eine abweichende Auffassung vorzubringen und die des Gegners als irrig darzustellen.

Beispiel:
Criticize the National Theatre's production of 'Macbeth'.

Eine sehr anspruchsvolle Aufgabe im Bereich der literarischen Wertung. Ausgehend von einer intensiven Sachkenntnis geben Sie ein Werturteil, in diesem Fall über die Aufführung eines Theaterstücks ab. Begründete Kritik ist immer berechtigt, sie hat nichts mit Besserwisserei zu tun, denn frei nach G. E. Lessing gilt: „Wer etwas kritisiert, muss es nicht unbedingt besser können."

7. **define:** Erklären Sie die Bedeutung eines Ausdrucks oder Begriffs klar und prägnant.

   Beispiel:
   Define what is meant by the term "ecology".

   Eine Aufgabenstellung zur Überprüfung Ihres Wortschatzes. Erwartet wird, dass Sie die Bedeutung eines wichtigen Begriffs erläutern, d. h. Sie sollen zeigen, dass Sie das Wort verstanden haben. Wenn Sie einen abstrakten Begriff bestimmen, können Sie zunächst klären, wer das Wort in welchem Zusammenhang verwendet und danach umschreiben, was es bedeutet: *'ecology' is a term used by ...* oder *scientists use the term 'ecology' to/ when ...* oder ähnlich.

   Beispiel:
   Define what is meant by the term "baby boomer".

   Wenn es sich um einen konkreten Begriff handelt, können Sie vom Allgemeinen zum Besonderen gehen, d. h. Sie suchen zuerst einen Oberbegriff und geben dann eine ergänzende Umschreibung: *a 'baby boomer' is a person who was born at a time when many children were born, for example after the Second World War when the soldiers fighting abroad returned home to their wives.*

8. **describe:** Beschreiben Sie eine Sache oder eine Person (verlangt ist eine treffende bildhafte Darstellung).

   Beispiel:
   Describe Scott's appearance on the night of the Halloween party.

   Diese Aufgabe ist gewöhnlich der erste Teil einer Personencharakteristik. Wenn man eine Figur charakterisieren will, beginnt man zunächst mit der Beschreibung des Äußeren, d. h. mit Gestalt, Kleidung, Alter, Familienstand, Herkunft, sozialer Stellung. Wenn Sie in einer Zusatzaufgabe aufgefordert werden, den Charakter zu verdeutlichen, dann sollten Sie auch darauf achten, ob der Protagonist vom Autor oder von anderen Personen bzw. aus deren Sicht beschrieben wird (direkte Charakterisierung) oder ob seine Eigenschaften durch sein Verhalten anderen gegenüber gezeigt werden (indirekte Charakterisierung).

9. **discuss:** Beleuchten Sie ein Problem von allen Seiten, indem Sie die Argumente ausführen – belegt durch Einzelheiten, Beispiele und weitere Informationen – und sinnvoll ordnen.

   Beispiel:
   Discuss attempts to legalize certain soft drugs.

   Diese Aufgabenstellung ist vergleichbar mit der Erörterung, die Sie aus dem Deutschunterricht kennen. Sie sollen ein Problem, hier die Freigabe von so genannten weichen Drogen, zunächst identifizieren und dann erörtern, d. h. Argumente pro und contra erfassen und die zugehörigen Begründungen darstellen. Beachten Sie, dass sich aus den in diesem Arbeitsbereich gestellten Themen fast immer zwei verschiedene Arten von Problemen ableiten lassen: Sachprobleme *(What are soft drugs? – What are the advantages of genetic tests?)* und Wertprobleme *(Is it right to legalize soft drugs? – Should insurance companies be allowed to make use of genetic test information?)*. Bei der Erörterung eines Sachproblems sollten Sie auf relativ gesicherte und nachweisbare Tatsachen zurückgreifen (Statistik, allgemeine Lebenserfahrung): *There is statistic evidence that the legalisation of drugs ...* Werturteile sind schwieriger zu begründen, da man hier unterschiedliche Einstellungen vertreten kann. Es liegt in der Natur der Sache, dass persönliche Meinungen umstritten sind: *I am of the opinion that the government ought to be stricter ...* Wichtig ist, dass Ihre Argumentation logisch ist und einleuchtet.

10. evaluate: Geben Sie ein Werturteil ab, stellen Sie eine negative oder positive Behauptung nach sorgfältiger Abwägung auf. Dabei sollen Sie Ihre Antwort durch Belege, beispielsweise Fakten, Zahlen, absichern.

Beispiel:
Evaluate the success of the steps taken so far to reduce the amount of household rubbish.

Im Unterschied zu Aufgabenstellungen mit dem Leitbegriff *discuss*, aus denen man Sachprobleme und Wertprobleme ableiten kann, handelt es sich hier um die Bearbeitung eines Wertproblems: *In my view the government hasn't done enough to force people ...* Erwartet wird, dass Ihr Urteil begründet ist. Besonders geeignete – weil kaum widerlegbare – Argumente für eine These sind u. a. nachprüfbare Tatsachen, Statistiken und verallgemeinerte Erfahrungen: *There is statistic evidence that the amount of rubbish produced by households between 1995 and 2000 hasn't ...* Es ist unausweichlich, dass Ihre Einschätzung nicht von jedermann geteilt wird. Werturteile, persönliche Meinungen und Gefühle sind immer umstritten, da man bei (fast) allen Problemen verschiedener Auffassung sein kann. Wenn Sie z. B. die Meinung äußern: *I think people should pay for their rubbish by weight* müssen Sie gewärtigen, dass Sie mit dieser Aussage auf Widerspruch stoßen werden. Deshalb ist es wichtig, dass Sie sich treffende Begründungen für Ihre Argumentation zurecht legen, damit man Ihre Einschätzung, wenn schon nicht übernehmen, so doch zumindest nachvollziehen kann.

11. explain: erläutern Sie etwas, machen Sie etwas verständlich

Mit dem Leitbegriff *explain* können verschiedene Aufgabenstellungen verbunden werden. Gemeinsam ist allen, dass mit dieser Aufgabe das sprachliche und/oder das inhaltliche Verständnis einer Textstelle oder des gesamten Textes überprüft werden.

Beispiel:
Identify the underlined structure and explain its function:
"Once the girl heard a speaker, invited to her school during Black History Week."

Hier sollen Sie die Form und die grammatische Funktion des unterstrichenen Wortes bestimmen. Damit werden Ihre Grammatikkenntnisse überprüft und es wird gleichzeitig deutlich, ob Sie die syntaktische Funktion erkannt haben. Diese Einsicht ist wichtig, wenn Sie eine Übersetzung anfertigen. Zur Beantwortung der Aufgabe schreiben Sie einfach: *past participle* (Form) – *to shorten a relative clause* (Funktion: Satzverkürzung – Relativsatz). Sie könnten auch aufgefordert werden, die Bedeutung eines Wortes oder einer Wendung in einem bestimmten Zusammenhang darzulegen.

Beispiel:
Explain the following expressions within the given context, "this old mother soil."

Meist handelt es sich hier um bildhafte Fügungen, die Sie „entschlüsseln" sollen oder um schwierigere Wörter, die Sie mit ihren eigenen – im Normalfall einfacheren – Vokabeln erklären sollen. Diese Aufgabenstellung ähnelt einer mit *define* eingeleiteten. Weiter ausholen müssen Sie natürlich, wenn mit der Aufforderung *explain* die Darstellung eines Sachverhalts verlangt wird.

Beispiel:
Explain why the relationship between the USA and Great Britain has always been a significant one. Find evidence in history, culture or politics.

Mit dieser anspruchsvollen Aufgabenstellung werden Ihre Kenntnisse im Bereich der Landeskunde USA und Großbritannien überprüft. Damit Sie hier erfolgreich abschneiden, müssen Sie sich vor der Prüfung die wichtigsten Fakten angeeignet haben. Mit diesem Material, das Sie zur Verfügung haben müssen, schreiben Sie dann eine Art Aufsatz. Sie können ihn strukturieren, wie unter *make/establish an outline* näher erläutert:
A. Introduction: ein kurzer Satz, um zum Thema hinzuführen.
B. Main Part: Darlegung der Fakten; z. B. im politischen Bereich: Verhältnis zur Kolonialzeit (Unabhängigkeitskrieg), im und nach dem Ersten bzw. Zweiten Weltkrieg, heute: Kampf gegen den Terrorismus. Im kulturellen Bereich: Einflüsse auf dem Gebiet der Literatur, der Popkultur, des Films.
C. Conclusion: Anknüpfung an die Einleitung oder Ausblick.
Ein sehr umfangreiches Thema, wie Sie sehen. Daher müssen Sie sich vorher einen Plan machen, in dem Sie Ihre wichtigsten Gesichtspunkte aufführen.

12. interpret: Untersuchen Sie etwas (eine Vorlage) ausführlich und auf kreative Weise, um die Aussage, die der Verfasser treffen möchte, deutlich zu machen. Dabei kommt es darauf an, dass Sie ihre Sachkenntnis und Ihr Wirklichkeitsverständnis mit dem vorgelegten Material (Text) in Beziehung setzen.

Beispiel:
Interpret the poem.../short story...

Diese Aufgabenstellung ist recht global, weil Sie keine weiteren Hilfsfragen gestellt bekommen. Daher müssen Sie wissen, was zu bei einer literarischen Interpretation zu tun ist, nämlich den inhaltlichen Aufbau, die sprachlichen Gestaltungsmittel und den Zusammenhang zwischen beiden herauszuarbeiten. So gehen Sie dabei vor: Nach sorgfältigem mehrmaligem Lesen halten Sie fest, wovon das Gedicht/die Kurzgeschichte handelt. Versuchen Sie die Absicht des Verfassers als Arbeitshypothese zu formulieren. Danach klären Sie den Aufbau des literarischen Textes und untersuchen die sprachlichen Mittel, die verwendet werden. Beschreiben Sie die Wirkung von Gestaltungselementen. Überprüfen Sie Ihre Arbeitshypothese auf ihre Richtigkeit – vielleicht müssen Sie Ihren ersten Eindruck revidieren. Sie sollten daran denken, dass es hier keine richtige oder falsche Lösung gibt. Ihre Arbeit wird danach beurteilt, ob Ihre Auslegung stimmig ist. Das bedeutet, Ihre Interpretation muss nachvollziehbar und einleuchtend sein. Das erreichen Sie, indem Sie nicht über die Vorlage schreiben, sondern immer wieder überprüfen, ob Ihre Deutungen durch den Text gesichert sind.

13. illustrate: Erklären oder verdeutlichen Sie etwas durch Beispiele oder eine Grafik.

Beispiel:
Illustrate the way in which school life in Britain differs from that in Germany.

siehe auch *make a diagram*

14. **justify:** Sagen Sie, warum eine Meinung, ein Standpunkt oder eine Maßnahme richtig oder angemessen ist. Eine Rechtfertigung ist in der Regel positiv. Heben Sie die Vorteile eines Standpunkts gegenüber seinen Nachteilen hervor.

    Beispiel:
    Justify the steps taken against drug addicts.

    Bei dieser Arbeitsanweisung sind Sie nicht mehr frei, Ihre persönliche Meinung zu äußern und zu begründen, sondern Sie sollen eine Rolle übernehmen, in diesem Beispiel die des Verteidigers von Maßnahmen gegen Drogensüchtige. Diese Aufgabe ist eine Art rhetorische Übung, bei welcher der Schwerpunkt auf der Argumentationsweise liegt. Bei der Rednerschulung in englischen und amerikanischen Schulen werden oft Themen gestellt, mit denen sich der Redner überhaupt nicht identifizieren würde: *We should be given more homework.* Damit soll seine eigene Meinung ganz bewusst zur Seite geschoben und die Technik des Argumentierens ins Zentrum gerückt werden. Es kommt bei solchen Rhetorikübungen darauf an, die Zuhörer zu überzeugen. Wenn Sie eine Aufgabe mit dem Leitbegriff *justify* bearbeiten, können Sie wie bei einer linearen Erörterung vorgehen. Sie suchen Argumente, führen Sie mit einem Beleg und einem Beispiel aus und ordnen Sie dann in steigernder Form an, d. h. Sie gehen vom weniger wichtigen zum wichtigsten Argument für oder gegen eine Maßnahme oder einen Vorschlag.

15. **make a diagram:** Stellen Sie Informationen bildlich dar, z. B. in Form eines Flussdiagramms, einer Karte oder einer anderen Grafik. Achten Sie dabei auch auf die passende Beschriftung.

    Beispiel:
    Make a diagram showing the levels of exhaust fumes in the last 5 years as described in the text.

    Bei diesem Aufgabentyp geht es darum, die wichtigsten Inhalte und Gedankenstrukturen eines Textes in einem Schaubild optisch darzustellen. Dabei bleibt es Ihnen überlassen, welche Art des Schaubildes Sie wählen. Sie können die Textinformation in Form eines Flussdiagramms, einer Tabelle oder einer Strukturskizze (einer Tabelle ähnlich) graphisch aufbereiten. In letzter Zeit wurde aufgrund der Erkenntnisse der Gedächtnisforschung das so genannte *Mind mapping* (Gedanken aufzeichnen) als Technik der Informationsverarbeitung in den Fremdsprachenunterricht eingeführt. Durch diese Technik wird die globale Arbeitsweise des Gehirns berücksichtigt, d. h. das sprachliche und das visuelle Denken werden miteinander verknüpft. Ein *Mindmap* (Gedankenkarte) erstellen Sie auf einem DIN-A4-Bogen (quer), in dessen Mitte der Kernbegriff des Textes eingetragen wird. Von diesem Zentrum gehen Hauptäste aus, auf die Sie nun die Hauptgedanken des Textes in Form von Schlüsselwörtern eintragen. Wie bei einem Baum verzweigen die Hauptäste, d. h. die Nebenäste werden angebunden mit den untergeordneten Gedanken. Durch weitere Verästelungen entsteht ein Netzwerk, das nach den Erkenntnissen der Gedächtnispsychologie optimale Behaltens- und Wiedererkennungsleistungen gewährleistet. Aus diesem Grunde hat sich das Mindmap heute als besonders wichtige Form der Präsentationstechnik etabliert. Natürlich müssen Sie die Methode des *Mind mapping* unbedingt einüben, bevor Sie sie in der Prüfung verwenden! Ihre Visualisierung des Prüfungstextes – in welcher Form auch immer – wird danach beurteilt, ob Sie alle wichtigen Informationen enthält, ob die Begriffe richtig über- bzw. untergeordnet sind und ob die grafische Lösung übersichtlich ist. Denken Sie daran, dass es bei dieser Aufgabe nicht um einen Wettbewerb unter Layoutern geht, dass Sie also die äußere grafische Form (Farben, Pfeile, Symbole etc.) nicht übermäßig ausgestalten, dass Sie andererseits aber auch nicht lediglich einen Text in Wölkchen auf einem Blatt verteilen. Es wird erwartet, dass Sie die wichtigsten Informationen aus dem Text herausfiltern und richtig zuordnen. Das können Sie nur dann erfolgreich tun, wenn Sie den Gedankengang, die Struktur des Textes erarbeitet haben, bevor Sie anfangen grafisch tätig zu werden.

16. make/establish an outline: Der Leitbegriff *outline* in einer Arbeitsanweisung kann zwei unterschiedliche Bedeutungen haben. Es kann die inhaltliche Zusammenfassung eines literarischen Textes oder die Erstellung einer Gliederung zu einem Thema verlangt sein. Welche Art von Aufgabe Sie zu bearbeiten haben, erkennen Sie aus dem Kontext der Aufgabenstellung.

Beispiel:
Establish an outline of the events in chapter 6.

Sie sollen eine Inhaltsangabe verfassen. Dabei gehen Sie vor wie beim *summary*: Sie konzentrieren Ihre Darstellung auf die wichtigsten Elemente des Handlungsverlaufs. Fragen Sie sich dabei, was ein Leser, der den Originaltext nicht kennt, unbedingt wissen muss, damit er die Handlung versteht. Da Sie die Beschreibung eines Inhalts geben, verwenden Sie das Präsens: *Michael Dillon is at home with his wife when IRA terrorists invade his house.* Wenn Sie einen längeren literarischen Text – nicht lediglich ein Kapitel oder zwei – zusammenfassen, also eine Inhaltsübersicht, eine so genannte Synopse, erstellen sollen, gehen Sie außer auf die Handlung auch auf die Charaktere und den Handlungsort ein.

Beispiel:
Outline the pros and cons of genetic engineering.

Sie werden aufgefordert, ein *topic outline* zu verfassen, d. h. Sie sollen in unserem Fall eine Gliederung zum Thema 'Gentechnik' erstellen. Es geht also darum, eine Art Plan aufzustellen, wie Sie das bei der Vorbereitung eines längeren Aufsatzes tun würden. Sie sammeln zunächst alle relevanten Thesen und Argumente (Stoffsammlung) und sichten diese dann, indem Sie sie nach ihrem logischen Zusammenhang und nach ihrer Wichtigkeit ordnen. Eventuell streichen Sie auch Punkte, die Ihnen eingefallen sind, die aber nicht recht zum Thema passen. Diese geordnete Stoffsammlung ergibt dann Ihre Gliederung zum Thema der Aufgabe. Sie formulieren Ihre Gedanken also nicht aus, sondern führen lediglich die Punkte an, die Sie in einer späteren ausführlichen Darstellung ansprechen würden. Ihre Gliederung sollen Sie je nach Arbeitsanweisung in Stichwörtern oder in ganzen Sätzen ausformulieren.

17. summarize: Fassen Sie die Hauptgedanken eines Textes in knapper Form ohne Veranschaulichungen und Beispiele zusammen.

Beispiel: *Summarize the article.*
Beispiel: *Summarize the author's arguments against abortion.*

Die Aufgabe verlangt, dass Sie einen Text oder eine Argumentation knapp und sinnvoll zusammenfassen. Hier wird zweierlei überprüft: Ihr Textverständnis und Ihre Sprachfertigkeit. Zunächst müssen Sie die wichtigsten Aussage aus der Vorlage herausfiltern und sie danach mit eigenen Worten knapp wiedergeben. Wichtigste Voraussetzung für eine gute Lösung dieser Aufgabe ist, dass Sie das Original gut verstanden haben. Lesen Sie deshalb den Text mehrmals sehr sorgfältig und kennzeichnen Sie die Stellen, die Ihnen wichtig erscheinen. Auch die Passagen, die Ihnen noch nicht ganz klar sind, sollten Sie markieren. Meist werden Ihnen diese Stellen beim dritten oder vierten Durchgang aus dem Zusammenhang klar. Gehen Sie den Text Abschnitt für Abschnitt durch und verfolgen Sie den Gedankengang. Unterscheiden Sie dabei zwischen Haupt- und Nebengedanken. Identifizieren Sie dann Wiederholungen, Belege und Beispiele, die der Autor für seine Argumentation verwendet. Das sind die Teile der Vorlage, auf die Sie in Ihrer Zusammenfassung verzichten werden. Im Allgemeinen wird erwartet, dass Sie die Vorlage auf ein Drittel bis ein Fünftel ihres ursprünglichen Umfangs kürzen. Das hängt ganz von der Dichte des Originaltextes, d. h. von seiner Informationsfülle, ab. Es ist eine bewährte Methode, nach dem sorgfältigen Durcharbeiten des Textes jeden einzelnen Abschnitt knapp – vielleicht mit einem Satz – zusammenzufassen. Achten Sie bei Ihrer Lösung darauf, dass Sie keine neuen Gedanken oder neue Beispiele einführen oder eigene Wertungen abgeben. Was die Formulierung betrifft: Zeigen Sie, dass Sie über einen guten Wortschatz verfügen. Lösen Sie sich sprachlich von der Vorlage, indem Sie, sofern es sich nicht um Fachbegriffe handelt, den ursprünglichen Text durch Synonyme und Umschreibungen wiedergeben. Die Zeitstufe, die im Original verwendet wurde, sollten Sie beibehalten.

6 Hilfreiche Wendungen

Prägen Sie sich diese Wendungen ein und nutzen Sie sie, wenn Sie sich schriftlich oder mündlich äußern sollen.

Meinungsäußerung

In my opinion ...	Meiner Meinung nach ...
To my mind ...	Meiner Meinung nach ...
I believe ...	Ich glaube ...
I am convinced ...	Ich bin überzeugt ...
I suppose ...	Ich vermute ...
I assume ...	Ich nehme an/setze voraus ...
I must admit that ...	Ich muss zugeben, dass ...
As far as I know ...	Soweit ich weiß ...
To my astonishment/surprise/ disappointment ...	Zu meinem Erstaunen/meiner Überraschung/ Enttäuschung ...
Apparently .../Obviously .../ Evidently ...	Offenbar .../Offensichtlich .../ Augenscheinlich ...
It is obvious that ...	Es ist offensichtlich, dass ...
I would like to point out that ...	Ich möchte hervorheben, dass ...

Wendungen allgemeiner Art (Bezug auf Text/Einschränkungen/Gegenüberstellung)

With reference to ...	Mit Bezug auf ...
With regard to ...	In Hinblick auf .../Hinsichtlich ...
With respect to ...	Was ... anbelangt ...
Concerning ...	... betreffend ...
In spite of ...	Trotz ...

Despite ...	Trotz ...
Although ...	Obwohl ...
Nevertheless ...	Dennoch ...
However ...	... jedoch ...
In this regard ...	In dieser Hinsicht ...
In this respect ...	In dieser Hinsicht ...
It is no use (trying to ...) ...	Es hat keinen Zweck ...
It is true, ... but ...	Es stimmt .../Es ist wahr ..., aber ...
In one way or another ...	Auf die eine oder andere Art ...
On the one hand ..., on the other hand ...	Einerseits ..., andererseits ...
Both ... and ...	Sowohl ... als auch
On the contrary ...	Im Gegenteil ...
Otherwise ...	Andernfalls .../Sonst ...

Logische Ordnung und Hinzufügung von Gesichtspunkten

Above all ...	Vor allem ...
At first sight ...	Auf den ersten Blick ...
In the beginning/In the end ...	Am Anfang/Am Ende ...
At the beginning of something .../ at the end of something ...	Am Anfang von ... (etwas)/Am Ende von ...
First .../First of all .../In the first place ...	Zuerst .../Zuallererst .../An erster Stelle
To begin with ...	Um mit ... zu beginnen ...
Let me begin by stating that ...	Lassen Sie mich damit beginnen, festzustellen, dass ...
Second .../Secondly ...	Zweitens .../Zweitens ...
In the second place .../ Another thing is ...	An zweiter Stelle .../ Eine andere Sache ist ...
Furthermore ...	Weiterhin ...
Moreover ...	Überdies .../Des Weiteren ...
In addition ...	Außerdem ...
There is also ...	Es gibt außerdem ...
Apart from ...	Abgesehen davon ...
Independently of ... there is also ...	Unabhängig davon ... gibt es auch ...
Similarly ...	Ebenfalls .../Gleichfalls ...
In the same way ...	Auf gleiche Weise ...
Equally important is the fact that ...	Genauso wichtig ist die Tatsache, dass ...
It is also important to mention that ...	Es ist ebenso notwendig zu erwähnen, dass ...
Therefore	Deshalb ...

Whereas ...	Während
While ...	Während ...
Hence ...	Daher ...
For that reason ...	Aus diesem Grund ...
That is why ...	Deshalb ...
Because of that ...	Deswegen ...
Besides ...	Außerdem ...
Consequently ...	Folglich ...
In general ... in particular ...	Im Allgemeinen ..., im Besonderen ...
Generally ...	Generell .../Überhaupt ...
At last...	Letztendlich .../Abschließend ...
Eventually ...	Schließlich ...
Finally ...	Letzten Endes ...
From time to time ...	Von Zeit zu Zeit ...
Occasionally ...	Gelegentlich ...
In the course of time ...	Im Laufe der Zeit ...
All in all ...	Alles in allem ...
In other words ...	Mit anderen Worten ...
In a word ...	In einem Wort ...
Briefly ...	Kurz ...
According to all evidence ...	Entsprechend aller Beweise ...
Taking everything into consideration/ account ...	Alles in Betracht ziehend ...
To come to the conclusion that ...	zur Schlussfolgerung kommen, dass ...
Summing up .../To sum up ...	Zusammenfassend ...
In conclusion ...	Schlussfolgernd ...

Anführung von Beispielen

For instance ...	zum Beispiel
For example ...	zum Beispiel
e. g.	z. B.
... such as ...	... solche wie ...
... like ...	... wie ...

7 Rhetorische Mittel *(Figures of Speech)*

In the 'Working with the text' assignments you are sometimes asked to identify and analyse figures of speech (stylistic devices). These are expressions and phrases, which are different from normal usage or sentence construction. Their aim is to make language more beautiful and/or to achieve certain effects. As the texts used for the Abitur exams are rarely very poetical, nor the questions about figures of speech very numerous, we will not give you the complete list of these devices but concentrate on the usual ones and the ones that have already occurred in previous Abitur texts.

1. **Accumulation:** A string of similar expressions one after the other. When they increase in importance → climax, when they decrease → anticlimax
   Example: He moved the whole company, *lock, stock, and barrel*, to Mexico. (Dictionary of Contemporary English, DCE)
   Effect: Emphasis

2. **Alliteration:** Words beginning with the same sound
   Example: Learn to say before you sing (Proverb)
   Effect: Emphasis, force, rhythm of language

3. **Antithesis:** Showing the exact opposite in parallel words, phrases or grammatical structures
   Example: Poor men seek meat for their stomach, rich men stomach for their meat. (Proverb)
   Effect: Emphasis of content through contrast in form

4. **Climax:** A series of statements or ideas starting with the weakest and ending in the strongest
   Example: Friends, Romans, *countrymen*! (Shakespeare, *Julius Caesar*)
   Effect: Emphasis, surprise

5. **Anticlimax:** The opposite of climax: a sequence of expressions that decrease in importance or value
   Example: For God, for country, and *for Yale.*
   Effect: Humour, satirical

6. **Ellipsis:** One or more words necessary for the grammatical structure are left out on purpose
   Example: In Essex he could go anywhere he pleased. Alone. (Instead of: He could go alone.) (L. L. Rice, *Southern Exposure*)
   Effect: Showing emotion, emphasis

7. **Emphasis**: Stressing the importance of a statement, usually by using the "to do"-structure in positive sentences
   Example: He does go to school … (B. Vine, *King Solomon's Carpet*)
   Effect: Of course: emphasis!

8. Euphemism: The use of more polite expressions for something the writer considers shocking or unpleasant
Example: rest room, for: toilet; to pass away, for: to die
Effect: The tone (or the writer) is shown as mild, inoffensive, or prudish

9. Exaggeration: (Also: overstatement, hyperbole): To make something greater or bigger than it really is (This is also a form of → irony). See also the opposite: → understatement
Example: They advertise in about a thousand magazines. (Salinger, *Catcher in the Rye*)
Effect: Emphasis, humour

10. Irony: Expressing the opposite of one's real opinion. This only works if it is clear that the speaker doesn't mean what he says. → Sarcasm and cynicism (the bitterest) are stronger and more negative forms of irony.
Example: I was the goddam manager of the fencing team. Very big deal. (Salinger, *Catcher in the Rye*)
Effect: Humour, criticism, (shows the speaker's wit and superiority, underlines the real meaning.)

11. Metaphor: A poetical comparison that does not use the "like" or "as". It indicates resemblance but does not express it directly.
Example: All the world's a stage… (Not: … is *like* a stage) (Shakespeare, *As You Like It*); Life's but a walking shadow … (Shakespeare, *Macbeth*)
Effect: Poetical, vividness

12. Paradox: A statement that seems impossible at first glance as it contains two contradictory or strange assertions, but is intended to be true all the same
Example: Divorces are made in heaven. (Wilde, *The Importance of Being Earnest*) Fair is foul and foul is fair … (Shakespeare, *Macbeth*)
Effect: Surprise, amusement, makes the reader think

13. Parallelism: The use of corresponding grammatical forms and structures in a sequence
Example: What a day may bring, a day may take away. (Proverb)
Effect: Emphasis

14. Personification: Things, animals, or abstractions are given human qualities or are presented as persons (Can also be considered as a → metaphor – it compares indirectly)
Example: The day has eyes, the night has ears. (Proverb)
Effect: Poetical, vividness

15. Pun: A play on words: sometimes on different meanings of the same word (homonyms: the bear – to bear), sometimes on the same sound of two words (homophones: new – knew)
Example: Seven days without water makes one *weak*. (DCE) – homophone*: week*
Effect: Humour

16. Repetition: Mentioning the same word or phrase several times
Example: Tomorrow and tomorrow and tomorrow... (Shakespeare, *Macbeth*)
Effect: Intensification, poetical

17. Rhetorical question: A question where no answer is expected, as the answer is believed to be too obvious
Example: Who is here so base, that would be a bondman? (Shakespeare, *Julius Caesar*)
Effect: Emphasis; makes the listener feel he himself has found the answer and thus agree with the speaker. Often used in political speech

18. Sarcasm: A form of → irony which is mocking, contemptuous, or aggressive
Example: Protesting can be fun – particularly if the weather is good. (The Guardian Weekly)
Effect: Shows the author's anger or contempt

19. Simile: A poetical comparison using the words *like* or *as* (unlike the → metaphor)
Example: My love is like a red, red rose. (Robert Burns)
Effect: Poetical, graphic power

20. Symbol: A word which represents or is associated with an idea, a sign of something
Example: *Dove* standing for *peace*, the *sword* representing *force*
Effect: Poetical

21. Understatement: (Also: Litotes): Expressing oneself in a way to make something appear less important than it really is. Also a form of → irony, as it usually means the opposite
Example: The Queen was not amused. (She was very angry!)
Effect: Emphasis through apparent lack of emphasis

Adverb – Das Adverb

Adverbien dienen zur näheren Bestimmung von **Verben**, **Adjektiven** und **anderen Adverbien**. Nach einem Adverb fragt man immer mit „**wie**". Bevor Sie also ein Adverb bilden, müssen Sie den englischen Satz analysieren!

Bildung	Anhängen von **-ly** an das **Adjektiv**	slow – slow**ly**
	y → i	happ**y** – happ**ily**
		Ausnahme: sh**yly**
	auf einen Konsonanten folgendes	
	le → ly	simp**le** – simp**ly**
	ic → ically	automat**ic** – automat**ically**
		Ausnahme: publ**icly**
	stummes -e bleibt	extrem**e** – extrem**ely**
		Ausnahmen: fully, wholly, truly

1. Aufgaben des Adverbs

a) Nähere Bestimmung eines Vollverbs

He	**drives**	slowly.
Wie	**fährt** er?	langsam

Beachten Sie: Bildet das Adjektiv mit einem Hilfsverb (Formen von „to be") das Prädikat, so muss es als Adjektiv erhalten bleiben.

He is slow.
(is slow = Prädikat)

b) Nähere Bestimmung eines Adjektivs

	He is	**extremely**	**slow**.
Wie **langsam**	ist er?	**äußerst**	**langsam**

c) Nähere Bestimmung eines anderen Adverbs

He drives	**extremely**	slow**ly**.
Wie fährt er?		langsam
Wie **langsam** fährt er?	**äußerst**	(langsam)

Beachten Sie die Stellung, wenn zwei Adverbien im Satz stehen: Dasjenige Adverb (1), das ein anderes Adverb (2) bestimmt, muss vor diesem Adverb, das es bestimmt, stehen.

He drives extremely (1) slowly (2).	(1) bestimmt (2)

2. Attributiver Gebrauch des Adjektivs

Beachten Sie: Sie dürfen aus einem Adjektiv, das einem Substantiv beigefügt ist, kein Adverb bilden!
He is a **slow** driver.

3. Besonderheiten in der Bildung von Adverbien

a) Endet das Adjektiv bereits auf -ly, so muss das Adverb durch eine Umschreibung mit **„in a ... way"**, **„in a ... manner"** gebildet werden.

She asked me **in a friendly way/manner**.

b) Nach bestimmten Verben (**Zustandsverben**, die keine Handlung, sondern einen Zustand beschreiben) darf das Adjektiv **nicht** zum **Adverb** werden, obwohl es das Verb näher bestimmt.

It sounds **good**.

Weitere Zustandsverben:	to become	werden
	to feel	sich fühlen
	to get	werden
	to keep	bleiben, halten
	to look	aussehen
	to remain	bleiben
	to seem	scheinen
	to smell	riechen
	to sound	klingen
	to stay	bleiben, halten
	to taste	schmecken

c) Manche Adverbien haben die **gleiche Form wie Adjektive**, da ansonsten eine **Bedeutungsveränderung** eintritt.

I work **hard**.	Ich arbeite **schwer**.
I **hardly** work.	Ich arbeite **kaum**.

Unveränderte Adverbien:	early	früh
	far	weit
	fast	schnell
	hard	schwer
	high	hoch
	late	spät
	long	lang
	near	nahe
Bedeutungsveränderung:	hardly	kaum
	highly	hoch, sehr (abstrakt)
	lately	in letzter Zeit
	nearly	beinahe, fast

d) good → well

She rides very **well**.
Beachten Sie: to be well = gesund sein
I didn't go to work because I wasn't **well** yesterday.

4. Die Steigerung des Adverbs

a) Adverbien auf -ly werden mit „**more**" und „**most**" bzw. mit „**less**" (weniger) und „**least**" (am wenigsten) gesteigert.

He drives **more** (less) slow**ly** than she does.
He drives **most** (least) slow**ly**.

b) Adverbien mit der gleichen Form wie Adjektive (siehe 3 c) werden mit -**er**, -**est** gesteigert.

fast – faster – fastest
high – higher – highest
early – earlier – earliest

He works hard**er** than Tony.
Pupils study hard**est** before a test.

c) Unregelmäßige Formen:

well – better – best
badly – worse – worst
far – farther/further – farthest/furthest

5. Die Stellung des Adverbs

a) Das **Adverb der Art und Weise** steht normalerweise am **Satzende**; es darf nie zwischen Verb und direktem Objekt stehen!

He waited **patiently**.

b) Gradadverbien stehen **vor** dem Wort, das sie näher bestimmen; zu den Gradadverbien zählen „extremely, extraordinarily, absolutely, fairly, pretty, rather, quite, very, terribly, especially, really, particularly, much, a bit“ usw.

He drives **extremely** carefully.

c) Häufigkeitsadverbien wie „often, seldom, rarely, always, never, occasionally, frequently“ stehen

- **vor** dem konjugierten Verb:
  He **always** reads the newspaper in the morning.
- **nach** dem **1. Hilfs- oder Modalverb** bei zusammengesetzten Tempora:
  He has **never** visited the British Museum.
- **nach „to be“**:
  We are **already** at home.

d) Adverbien bzw. adverbiale Bestimmungen der Zeit und des Ortes sowie „in fact, unfortunately, luckily, of course, perhaps, actually“ gehören entweder an den **Satzanfang** oder an das **Satzende**.

Three minutes later the boy arrived.
The boy arrived **three minutes later**.

Auxiliaries and their Substitutes – Hilfsverben und ihre Ersatzformen

Es gibt zwei Arten von Hilfsverben:

- **primäre** oder **vollständige** Hilfsverben (complete auxiliaries): to be
to have
to do

  Mit den vollständigen Hilfsverben bildet man Fragen, Verneinungen, Kurzantworten und Tempora.
- **modale** Hilfsverben (modal auxiliaries): Sie drücken aus, dass etwas geschehen kann, muss, darf, soll, könnte etc. Sie werden in Verbindung mit einem Vollverb verwendet, haben aber in der 3. Person Singular kein -s. Sie können auch nicht alle Tempora bilden und brauchen deshalb **bestimmte Ersatzformen**, deren wichtigste Sie sich einprägen müssen.

1. must

must = to have to = müssen

I **don't** have to come.
Do I have to come?

Die Ersatzform gilt hier als Vollverb und muss deshalb in Frage und Verneinung umschrieben werden.

Simple Present:	I have to come.	I don't have to come.
Simple Past:	I had to come.	I didn't have to come.
Present Perfect:	I have had to come.	I haven't had to come.
Past Perfect:	I had had to come.	I hadn't had to come.
Future I:	I will have to come.	I won't have to come.
Future II:	I will have had to come.	I won't have had to come.

Beachten Sie die Bedeutungsveränderung:

must not (mustn't)	= not to be allowed to	= nicht **dürfen**

2. can

can = to be able to = können, fähig sein

Simple Present:	I am (not) able to play the piano.
Simple Past:	I was (not) able to play ...
Present Perfect:	I have (not) been able to play ...
Past Perfect:	I had (not) been able to play ...
Future I:	I will (not) be able to play ...
Future II:	I will (not) have been able to play ...

3. may

may = to be allowed to = dürfen

He is (not) allowed to come.

4. shall/should/ought to

shall/should/ought to = to be supposed to = sollen
to be expected to
to be to

He **is (not) supposed** to win the match.
He **is expected to** win ...
He **is to** ask the manager.

5. need

need = to have to = brauchen, müssen
needn't = not to have to = nicht brauchen, nicht müssen

You **needn't** come. = You **don't have to** come.

Comparison of Adjectives – Die Steigerung des Adjektivs

1. Die Steigerung des Adjektivs auf -er, -est

a) **Einsilbige Adjektive** werden im Komparativ auf -**er**, im Superlativ auf -**est** gesteigert.

Positiv:	cheap	billig
Komparativ:	cheap**er**	billig**er**
Superlativ:	cheap**est**	am billig**sten**

b) **Zweisilbige Adjektive**, die auf -**er**, -**le**, -**y**, -**ow** enden, bilden die Steigerung normalerweise ebenfalls mit -**er**, -**est**.

clev**er**	clever**er**	clever**est**	klug	klüger	am klügsten
simp**le**	simpl**er**	simpl**est**	einfach	einfacher	am einfachsten
ugl**y**	ugl**ier**	ugl**iest**	hässlich	hässlicher	am hässlichsten
narr**ow**	narrow**er**	narrow**est**	eng	enger	am engsten

c) **Besonderheiten in der Schreibung**

stummes -e am Wortende fällt weg	large – larg**er** – larg**est** fine – fin**er** – fin**est**
Konsonant am Wortende wird nach einem kurzen, betonten Vokal verdoppelt	ho**t** – ho**tt**er – ho**tt**est gla**d** – gla**dd**er – gla**dd**est
y → i nach einem Konsonanten	happ**y** – happ**i**er – happ**i**est sunn**y** – sunn**i**er – sunn**i**est
Beachten Sie: y bleibt nach Vokalen erhalten	ga**y** – ga**y**er – ga**y**est

2. Die Steigerung des Adjektivs mit „more“ und „most“

a) **Zweisilbige Adjektive**, bei denen Regel 1 b nicht in Kraft tritt, bilden den Komparativ mit „**more**“ und den Superlativ mit „**most**“.

Positiv:		famous	berühmt
Komparativ:	**more**	famous	berühmter
Superlativ:	**most**	famous	am berühmtesten

b) Drei- und mehrsilbige Adjektive werden ebenfalls mit „**more**, **most**" gesteigert.

difficult	–	**more** difficult	–	**most** difficult
schwierig	–	schwieriger	–	am schwierigsten
comfortable	–	**more** comfortable	–	**most** comfortable
bequem	–	bequemer	–	am bequemsten

3. Unregelmäßige Steigerungsformen

good – better – best	gut – besser – am besten
bad – worse – worst	schlecht – schlechter – am schlechtesten
ill – worse – worst	krank – kränker – am kränksten
much – more – most	viel – mehr – am meisten
many – more – most	viele – mehr – am meisten
little – less – least	wenig – weniger – am wenigsten
far – farther – farthest	weit – weiter – am weitesten
far – further – furthest	weit – weiter – am weitesten
near – nearer – nearest	nah – näher – am nächsten
near – nearer – next	nah – näher – am nächsten
old – older – oldest	alt – älter – am ältesten
old – elder – eldest	alt – älter – am ältesten

Beachten Sie die Bedeutungsunterschiede:

less money	weniger Geld	„less" in Verbindung mit **abstrakten** Substantiven
fewer friends	weniger Freunde	„fewer" in Verbindung mit **zählbaren** Begriffen, die in die Mehrzahl gesetzt werden können
farther south	weiter südlich	„farther" nur in Bezug auf die **räumliche** Entfernung
further information **further** south	weitere Information weiter südlich	„further" sowohl im **übertragenen** Sinn mit abstrakten Substantiven als auch im **räumlichen** Sinn

the **nearest** pub	das nächste Pub	„nearest" gibt die **räumliche** Entfernung an
the **next** train leaves	der nächste Zug fährt ab	„next" bezeichnet die **Reihenfolge**
my **elder** brother	mein älterer Bruder	„elder" hauptsächlich bei **Verwandtschaftsbezeichnungen**
he is **older** than	er ist älter als	„older" kann **jederzeit** auch bei Verwandtschaftsbezeichnungen verwendet werden
your **last** chance the **latest** fashion	deine **letzte** Chance die **neueste** Mode	

4. Gebrauch der Steigerungsformen im Satz

a) Positiv (Vergleich von gleichwertigen Dingen)	Our house is **as** cheap **as** yours. Unser Haus ist **so** billig **wie** eures. Our house is not **as** beautiful **as** yours.
b) Komparativ Signalwort „than" = „als"	Our house is bigg**er than** yours. Unser Haus ist größ**er als** eures. Our house is **more** beautiful **than** yours. Our house is **less** beautiful **than** yours. ... ist **weniger** schön **als** ...
c) Superlativ Signalwort „the" = „am"	Our house is **the** cheap**est** house (of all). Unser Haus ist **das** billig**ste** von allen. Our house is **the most** beautiful of all. Our house is **the least** beautiful of all. ... ist das **am wenigsten** schöne ...

5. Spezielle Fälle

a) „the ... the" = „je ... desto"	**The** longer you wait **the** better. Je länger du wartest, desto besser.
b) „... -er and -er", „... more and more" = „immer ... -er" (zusätzliche Steigerung)	It's getting cold**er** and cold**er**. Es wird **immer** kält**er**. It became **more and more** interesting. Es wurde **immer** interessant**er**.
c) „most" = „very" = „äußerst, sehr, höchst"	It's a **most** (= very) interesting book. Es ist ein **höchst** interessantes Buch.
d) Wiederholung des Hilfsverbs am Ende des Satzes	Tony is taller than Tom (**is**). Tony ist größer als Tom. The book is more exciting than the film (**is**). Das Buch ist aufregender als der Film.

Gerund – Das Gerundium

Bildung

-ing an den Infinitiv des Verbs			
talk	–	talk**ing**	Normalfall
write	–	writ**ing**	*Sonderfall:* stummes -e entfällt
run	–	run**ning**	*Sonderfall:* Verdoppelung des Endkonsonanten

Verwendung

Es werden nur die üblichen Ausdrücke angeführt; ergänzen Sie evtl. anhand Ihres Englischbuches.

1. Gerundium als Substantiv (als Subjekt des Satzes)

Swimming is fun. (Schwimmen macht Spaß.)

2. Gerundium nach bestimmten Verben (als Objekt des Satzes)

She can't **give up** smok**ing**.

to admit	zugeben	to keep	weitermachen
to avoid	vermeiden	to mention	erwähnen
to deny	leugnen	to mind	etw. ausmachen
to dislike	nicht mögen	not to mind	nichts dagegen haben
to enjoy	genießen	to miss	verpassen
to feel like	Lust haben zu	to practise	üben
to finish	beenden	to remember	erinnern
to forget	vergessen	to risk	(es) wagen, riskieren
to give up	aufgeben	to stop	aufhören
to go/carry on	weitermachen	to suggest	vorschlagen
to imagine	sich (etw.) vorstellen	to try	probieren

3. Gerundium nach Verb + Präposition

I must **apologize for** be**ing** late.

to agree with	einverstanden sein	to consist of	bestehen aus
to apologize for	sich entschuldigen für	to dream of/about	träumen von
to believe in	glauben an	to feel like	Lust haben auf
to blame for	tadeln wegen	to insist on	bestehen auf
to complain about	sich beschweren über	to look forward to	sich freuen auf

object to	dagegen sein	to talk about	reden über
to prevent from	hindern an	to thank for	danken für
to protect from	schützen vor	to think of	denken an
to rely on	sich verlassen auf	to worry about	sich Sorgen machen über
to succeed in	gelingen, Erfolg haben		

4. Gerundium nach Adjektiv + Präposition

I am **fond of** travel**ling**.

afraid of	(sich) fürchten	sorry about/for	(jdm.) leid tun, dass
famous for	berühmt wegen	tired of/sick of	es satt haben, es leid sein
fond of	mögen	used for	benutzt werden für
good at/bad at	gut/schlecht in	used to	gewohnt
interested in	interessiert an	worried about	besorgt wegen
proud of	stolz auf		

Beachten Sie den Bedeutungsunterschied:

I **am used** to work**ing** hard.	Ich **bin es gewohnt**, schwer zu arbeiten.
I **used to work** hard.	**Früher** arbeitete ich schwer.

5. Gerundium nach einem Substantiv

a) nach Substantiv

Young people often have **trouble** get**ting** a job.

trouble/problem	Schwierigkeiten, Problem(e)
difficulty	Schwierigkeiten
fun	Spaß

b) nach Substantiv + Präposition

She has **difficulty (in)** do**ing** the test.

advantage of	Vorteil von	interest in	Interesse an
chance of	(günstige) Gelegenheit	pleasure in	Freude an
in danger of	in Gefahr	possibility of	Möglichkeit zu
difficulty (in)	Schwierigkeit(en) mit	reason for	Grund für
hope of	Hoffnung zu/auf	trouble in	Schwierigkeiten mit
idea of	Vorstellung, Einfall (zu)	way of	Art und Weise/Weg zu

6. Gerundium nach Präpositionen

Instead of wait**ing** for me he ran away.

after	nach	in spite of	trotz(dem)
apart from	abgesehen von, außer	instead of	anstatt, statt
before	vor	on	gleich nach(dem)
by	dadurch, dass; indem	without	ohne, ohne zu
in	indem		

7. Gerundium nach bestimmten Ausdrücken

This book is **worth** buy**ing**.
It's **no use** ask**ing**.

worth	wert
no use	es hat keinen Sinn
what about/how about	wie wär's mit ...

8. Die Übersetzung des Gerundiums

Es ist oft nicht leicht, das „gerund" ins Deutsche zu übersetzen. Dazu bieten sich verschiedene Möglichkeiten an.

a) Substantivierung des Verbs: He can't **give up smoking**.
Er kann **das Rauchen** nicht aufgeben.

b) Eine Infinitivkonstruktion: He was **interested in running** a farm.
Er war **daran** interessiert, eine Farm **zu betreiben**.

c) Ein abhängiger Nebensatz: She overcame her nervousness **by eating** chocolate.
Sie überwand ihre Nervosität, **indem sie (dadurch, dass sie)** Schokolade aß.
These are the new books **worth buying**.
Dies sind die neuen Bücher, **die es wert sind**, gekauft zu werden.

If-Clauses – Konditionalsätze

Konditionalsätze sind Nebensätze, die ausdrücken, dass unter einer bestimmten Bedingung etwas geschehen kann. Sie werden im Deutschen mit „wenn" oder „falls" eingeleitet, im Englischen mit „if". Der „if"-Satz kann vor oder nach dem Hauptsatz stehen; falls er vor dem Hauptsatz steht, muss er durch ein Komma abgetrennt werden.

if-clause (Nebensatz) If it rains,		**main clause (Hauptsatz)** I will take my umbrella.
	oder	
main clause (Hauptsatz) I will take my umbrella		**if-clause (Nebensatz)** if it rains.

Man unterscheidet drei Grundarten von „if"-Sätzen:

1. Typ 1

Wir verwenden Typ 1, wenn wir über eine Handlung sprechen, die unter einer bestimmten Bedingung in der **Zukunft** geschehen kann. Die **Erfüllung** dieser Bedingung ist **wahrscheinlich**. Dann steht im **„if"-Satz** das **simple present** und im **Hauptsatz** das **future I**.

If it rains, Wenn es regnet,	I **will** take my umbrella. nehme ich meinen Regenschirm.

2. Typ 2

Wir verwenden Typ 2, wenn wir über eine Handlung sprechen, die unter einer bestimmten Bedingung in der **Zukunft** eintreten könnte, aber eher **unwahrscheinlich** ist. Dann steht im **„if"-Satz** das **simple past** und im **Hauptsatz** das **conditional I**.

If it rain**ed**, Wenn es regnete/regnen würde,	I **would** take my umbrella. würde ich meinen Regenschirm nehmen.

3. Typ 3

Wir verwenden Typ 3, wenn wir über eine Bedingung in der **Vergangenheit** sprechen, die **nicht mehr erfüllbar** ist. Dann steht im **„if"-Satz** das **past perfect** und im **Hauptsatz** das **conditional II**.

If it **had rained**, Wenn es geregnet hätte,	I **would have taken** my umbrella. hätte ich meinen Regenschirm genommen.

Infinitive – Der Infinitiv

1. Der Infinitiv

Der Infinitiv mit „to“ steht nach

a) bestimmten Verben: She **managed to get** a job.

can afford	sich leisten können	to manage	zustande bringen
to agree	zustimmen	to offer	anbieten
to arrange	vereinbaren	to plan	planen
to attempt	versuchen	to promise	versprechen
to choose	wählen	to refuse	verweigern
to decide	entscheiden	to remember	daran denken
to expect	erwarten	to seem	scheinen
to fail	versagen	to try	versuchen
to forget	vergessen	to want	wollen
to hope	hoffen	would like/love	gerne mögen
to learn	lernen		

b) Substantiven: It's a good **idea to visit** London.

c) Adjektiven: It's **easy to find** the way to the post office.

d) Fragewörtern: I don't know **what to do**.

what	where	which	how	who	when	why

2. Objekt + Infinitiv

Im Deutschen wird diese Objekt + Infinitiv-Konstruktion mit einem „dass“-Satz wiedergegeben:

Mary wants **him** **to come**.
↓ ↓
Objekt Infinitiv

Mary will, **dass** er kommt.

Diese Objekt + Infinitiv-Konstruktion steht nach

a) **folgenden Verben: I persuaded her to come**.

to advise	raten	to invite	einladen
to allow	erlauben	to persuade	überreden, -zeugen
to ask	bitten	to remind	daran erinnern
to cause	verursachen	to teach	lehren
to enable	befähigen	to tell	befehlen
to encourage	ermutigen	to want	wollen
to expect	erwarten	to warn	warnen
to force	zwingen	would like/love	gerne mögen
to get	veranlassen	would prefer	vorziehen
to help	helfen		

b) **Verb + Präposition:** I'm still **waiting for him to answer** my letter.

to arrange for	vereinbaren, abmachen	to rely on	sich verlassen auf
to count on	rechnen mit	to wait for	warten auf

c) **Adjektiv + Präposition:** It was **kind of her to wait**.
It's **important for you to learn**.

clever of	klug	nice of	nett
dangerous for	gefährlich	normal for	normal
easy/difficult for	leicht/schwierig	possible for	möglich
good of	liebenswürdig	silly of	dumm
important for	wichtig	tactful of	taktvoll
kind of	freundlich	useful for	nützlich
necessary for	notwendig	usual/unusual for	gewöhnlich/ungewöhnlich

d) **Substantiv + Präposition:** It's a good **opportunity for me to see** her.

idea for	Idee	chance for/opportunity for	Gelegenheit
mistake for	Fehler	time for	Zeit

e) **einem Adjektiv, das durch „too" oder „enough" näher bestimmt wird:**

The weather is **too bad for the plane to take off**.
Is the letter **big enough for you to see**?

Participle Construction – Partizipialkonstruktion

Es gibt zwei Arten von Partizipien:
- **Present Participle** (Partizip Präsens)
- **Past Participle** (Partizip Perfekt)

1. Present Participle = Partizip Präsens

Bildung	**-ing** an den Infinitiv des Verbs	talk	–	talk**ing**
	stummes -e fällt weg	writ**e**	–	writ**ing**
	Konsonant nach kurzem, betontem	cu**t**	–	cu**tt**ing,
	Vokal wird verdoppelt	sto**p**	–	sto**pp**ing,
		trave**l**	–	trave**ll**ing,
		occu**r**	–	occu**rr**ing

2. Past Participle = Partizip Perfekt

a) Regelmäßige Verben

Bildung	**-ed** an den Infinitiv des Verbs	talk	–	talk**ed**
	y → i	carry	–	carr**ied**
		Ausnahme:		play**ed**
	stummes -e fällt weg	liv**e**	–	liv**ed**
	Konsonant am Wortende wird	stop	–	sto**pped**,
	verdoppelt	travel	–	trave**lled**,
		prefer	–	prefe**rred**

b) Unregelmäßige Verben
(müssen Sie auswendig lernen)

Bildung	die dritte Form	write – wrote – **written**

Das Partizip hat die Aufgabe,
- einen Nebensatz zu verkürzen oder
- Hauptsätze mit demselben Subjekt miteinander zu verbinden.

3. Verkürzung von Nebensätzen durch ein Partizip

As he	wanted to win he practised a lot.
	Wanting to win he practised a lot.

Gehen Sie dabei in der angegebenen Reihenfolge vor!

a) **Bestimmen** Sie als Erstes Hauptsatz (HS) und Nebensatz (NS), denn Sie dürfen nur den Nebensatz verkürzen! **Der Hauptsatz bleibt immer unverändert!**

Nebensätze erkennen wir an

Kausalkonjunktion	as, because, since
Temporalkonjunktion	when, while, after, before
Relativpronomen	who (für Personen), which (für Dinge)

b) Als Nächstes prüfen Sie, um welche **Art von Nebensatz** es sich handelt; bei Partizipialverkürzungen kommen nur folgende Nebensätze infrage:

Kausalsatz:	die Konjunktionen „as, because, since" fallen weg
Temporalsatz:	die Konjunktionen „when, while, before" bleiben erhalten, „after" kann wegfallen
Relativsatz:	die Relativpronomen „who" bzw. „which" fallen weg

	NS		HS	HS		NS
As	he was	ill	he couldn't come.	I saw a man	**who**	cleaned his car.
–	**Being**	ill	he couldn't come.	I saw a man	–	cleaning his car.

c) Dann überlegen Sie sich, ob HS und NS dasselbe **Subjekt** haben.

- Haben HS und NS **dasselbe Subjekt**, so fällt das Subjekt im NS weg:

	S_1			S_2		
As	**Tony**	was	ill	**he**	couldn't come.	$S_1 = S_2$
–	–	Being	ill	**he**	couldn't come.	

- Haben HS und NS **verschiedene Subjekte**, so müssen beide genannt werden. In den meisten Fällen wird jedoch die Partizipialkonstruktion vermieden.

S_1		S_2		
The holidays	coming to an end,	**the pupils**	went back to school.	$S_1 \neq S_2$

d) Schließlich müssen Sie noch das **Tempus im NS** beachten.

Present Tense:	he arrives
Past Tense:	he arrived
↓	↓
Present Participle:	arriv**ing**

Present Perfect:	he has arrived
Past Perfect:	he had arrived
↓	↓ ↓
Perfect Participle:	**having** arriv**ed**

When he	arrives	he takes off his coat.
	↓	
When –	arriv**ing**	he takes off his coat.

After he	had	arrived	he took off his coat.
	↓		
(After) –	hav**ing**	arrived	he took off his coat.

e) Ist der **NS verneint**, so müssen Sie „not" vor das Partizip setzen. Die Umschreibung mit „do, does, did" fällt weg.

As he	**did**	**not**	practise	he failed in the examination.
– –	–	**Not**	practis**ing**	he failed in the examination.

4. Verbindung von Hauptsätzen durch ein Partizip

Dies ist nur möglich, wenn die Hauptsätze **dasselbe Subjekt** haben. Meistens sind sie durch „and" verbunden. Beachten Sie folgende Punkte:

- Ein Hauptsatz, meistens der erste, bleibt unverändert erhalten.
- „and" als Verbindung der Hauptsätze fällt weg.
- Subjekt 2 fällt ebenfalls weg, da es mit Subjekt 1 übereinstimmt.
- Aus dem Verb des zu verkürzenden Hauptsatzes wird das Partizip.

S_1		**S_2**			
He sat in his chair	and	he	smok**ed**	a pipe.	**$S_1 = S_2$**
He sat in his chair	–	–	smok**ing**	a pipe.	

5. Auflösung einer Partizipialkonstruktion in einen Nebensatz

a) Als Erstes suchen Sie das Partizip im Satz und unterstreichen es. Dann überlegen Sie, um welche **Art von Nebensatz** es sich handeln kann.

- Handelt es sich um einen **Temporalsatz**, so müssen Sie, falls keine Konjunktion vorhanden ist, den Nebensatz mit einer passenden Konjunktion einleiten, z. B. mit „when, while, after, before."

–	–	**Having**	come home we drank tea.
After	we	had	come home we drank tea.

- **Kausalsätze** müssen Sie mit „as, because, since" einleiten.

–		–	**Talking**	to her	he missed the bus.
As	**(because)**	he	talked	to her	he missed the bus.

- **Relativsätze** müssen mit den Relativpronomen „who" oder „which" beginnen. Sie erkennen einen verkürzten Nebensatz

  an einem dem Partizip direkt vorausgehenden Substantiv:

I watched a **man**	–	taking	a photo of his mother.
I watched a **man**	**who**	took	a photo of his mother.

  wenn kein present participle, sondern nur ein past participle im Satz steht (Auflösung durch einen Passivsatz/Signalwort „by"):

He saw the **book**	–		**written by** his friend.
He saw the **book**	**which**	was	written **by** his friend.

b) Als Nächstes suchen Sie das **Subjekt** im HS und im NS. Ist im verkürzten NS **kein Subjekt** vorhanden, so übernehmen Sie das Subjekt des Hauptsatzes.

When	–	preparing	supper	**I**	always listen to the radio.
When	**I**	prepare	supper	I	always listen to the radio.

c) Schließlich überlegen Sie sich das **Tempus**, in dem der Nebensatz stehen soll. Dabei orientieren Sie sich am Tempus des Hauptsatzes.

When	visiting	the Tower they	**saw**	the Crown Jewels.
When they	**visited**	the Tower they	saw	the Crown Jewels.

When –	–	coming	to the party you	**will**	meet a lot of friends.
When you	**will**	come	to the party you	will	meet a lot of friends.

Wird der Nebensatz mit „after" eingeleitet, so sollten Sie immer past perfect verwenden. (Zeitenfolge NS: past perfect – HS: past tense)

d) Ist der verkürzte **Nebensatz verneint**, so müssen Sie bei der Auflösung mit einer Form von „to do" umschreiben. Ausnahme: wenn ein Hilfsverb im Satz steht.

– –	–	**Not**	having	much practice John failed the examination.
As he	**did**	**not**	have	much practice John failed the examination.
– –		**Not**	being	good he failed the exam.
As he			**wasn't**	good he failed the exam.

6. Auflösung eines Satzgefüges

Ein Partizip kann auch zwei oder mehrere **Hauptsätze** verbinden. Dabei werden immer gleichzeitige Handlungen beschrieben. Beachten Sie deshalb folgende Punkte:

a) Verbinden Sie die Hauptsätze durch „and" oder durch Kommas, falls es mehrere Hauptsätze sind.

b) Ergänzen Sie in den aufgelösten Hauptsätzen das Subjekt des ersten Hauptsatzes.

c) Lösen Sie das Partizip auf und setzen Sie das daraus entstehende Verb in dieselbe Zeit, in der das Verb des ersten Hauptsatzes steht.

He sat in his chair	–	–	**holding**	the newspaper in his hands.
He sat in his chair	**and**	**(he)**	**held**	the newspaper in his hands.
	a	**b**	**c**	

Passive Voice – Das Passiv

Eine Handlung kann im Aktiv oder im Passiv beschrieben werden. Während im Aktiv das Subjekt des Satzes handelt, wird im Passiv mit dem Subjekt etwas gemacht.

Bildung	eine Form von „**to be**" + **past participle**	**Aktiv:** Columbus discovered America. → **Passiv:** America was discovered by Columbus.

1. Umwandlung vom Aktiv ins Passiv

Beachten Sie bei der Umwandlung vom Aktiv ins Passiv folgende Punkte:

a) Als Erstes bestimmen Sie **Subjekt und Objekt des Aktivsatzes**. Das Subjekt des Aktivsatzes wird zum Objekt des Passivsatzes, das Objekt des Aktivsatzes wird zum Subjekt des Passivsatzes.

b) Das Objekt im Passivsatz muss mit „**by**" (im Deutschen: „von") angeschlossen werden.

	S	P		O	
Aktiv:	They	kick		the ball.	
Passiv:	The ball	**is kicked**	**by**	them.	
	Der Ball	**wird**	**von**	ihnen	**geschossen.**

c) Als Nächstes bestimmen Sie das **Tempus** des **Aktivsatzes**. Dieses verwandeln Sie dann in das entsprechende Tempus im Passiv.
Lernen Sie für die Umwandlung folgende Tabelle:

	Aktiv:		**Passiv:**	
Simple Present:	I	paint the wall.	It is	painted.
Present Progressive:	I am	painting it.	It is being	painted.
Simple Past:	I	painted it.	It was	painted.
Past Progressive:	I was	painting it.	It was being	painted.
Present Perfect:	I have	painted it.	It has been	painted.
Past Perfect:	I had	painted it.	It had been	painted.
Future I:	I will	paint it.	It will be	painted.
Future II:	I will have	painted it.	It will have been	painted.
Conditional I:	I would	paint it.	It would be	painted.
Conditional II:	I would have	painted it.	It would have been	painted.

d) Sind im Aktivsatz **zwei Objekte** (Objekt im Dativ = O_3/Objekt im Akkusativ = O_4) vorhanden, so können Sie zwei verschiedene Passivsätze bilden, indem Sie jeweils ein Objekt zum Subjekt des Passivsatzes machen, während Sie das zweite Objekt unverändert stehen lassen. Beachten Sie allerdings: O_3 muss im Passivsatz mit „**to**" angeschlossen werden.

		O_3	**O_4**		
Aktiv:	They offered	**him**	a job.		
Passiv:		↓			
1. Mögl.:		**He**	was offered	a job.	
2. Mögl.:				**A job**	was offered **to** him.

Englische Passivsätze werden im Deutschen oft durch einen Aktivsatz mit „man" wiedergegeben.

It **is said** that he earned a lot of money.	**Man** sagt, dass er viel Geld verdient habe.
Nothing **can be done** against it.	**Man** kann nichts dagegen machen.

2. Umwandlung vom Passiv ins Aktiv

a) **Unterstreichen** Sie im Passivsatz das Subjekt und das Objekt, das mit „by" angeschlossen ist. Das Objekt wird im Aktivsatz zum Subjekt, und das Subjekt des Passivsatzes wird zum Objekt des Aktivsatzes.

b) Das „by" aus dem Passivsatz fällt im Aktivsatz weg.

	S				**O**
Passiv:	He	was	asked	by	the teacher.
Aktiv:	The teacher		asked	–	him.

c) Als Nächstes bestimmen Sie das **Tempus** des Passivsatzes und übertragen es in den Aktivsatz. Siehe dazu die Tabelle auf Seite G 21.

d) Nun überprüfen Sie, ob das neue Subjekt im Aktivsatz im **Singular** oder im **Plural** steht. Entsprechend müssen Sie die Verbform angleichen.

Passiv:	They	**have**	been	asked	by	the teacher.
		↓				
Aktiv:	The teacher	**has**		asked		them.

e) Ist im Passivsatz **kein Handelnder mit „by"** angegeben, so müssen Sie sinngemäß einen Handelnden ergänzen und zum Subjekt des Aktivsatzes machen. Dabei können Sie „**allgemeine" Subjekte** wie „**people**, **they**, **you**, **we**" verwenden oder ein Substantiv, das inhaltlich passt.

Passiv:	School uniforms	are worn		in Britain .
Aktiv:	Boys and girls	wear	school uniforms	in Britain.

Reciprocal Pronoun – Das reziproke Pronomen

Das reziproke Pronomen „**each other = one another**" bleibt in allen Personen unverändert.

1. Reziproker Gebrauch

Wir verwenden „each other" für das deutsche „sich", wenn **mehrere verschiedene Personen** etwas tun. Im Deutschen kann für „sich" auch „**einander**, **gegenseitig**" eingesetzt werden. Um Fehler zu vermeiden, sollten Sie immer die **Einsetzprobe** machen!

She smiles at him.
He smiles at her. } They smile at each other.

2. Unterschiede zum Deutschen

Nach bestimmten Verben **entfällt „each other"**, auch wenn im Deutschen „sich" steht. Lernen Sie diese Verben!

to meet	sich treffen	to fall in love	sich verlieben
to kiss	sich küssen	to become engaged	sich verloben
to quarrel	sich streiten	to get married	sich (ver)heiraten
to part	sich trennen	to get a divorce	sich scheiden lassen

Unsicherheiten entstehen oft, wenn man sich zwischen „oneself" und „each other" entscheiden soll, da beide Ausdrücke im Deutschen mit „sich" wiedergegeben werden. Merken Sie sich deshalb den wesentlichsten **Unterschied** zwischen „reflexive" und „reciprocal pronoun":

Reflexive Pronoun	bezieht sich auf **ein und dieselbe Person**
Reciprocal Pronoun	**mehrere Personen** sind beteiligt; *Einsetzprobe:* „einander, gegenseitig"

Reflexive Pronoun – Das Reflexivpronomen

Das Reflexivpronomen im Englischen ist eine Form von „**oneself**". Im Deutschen wird es mit „sich" übersetzt.

Singular:	myself
	yourself
	himself
	herself
	itself
Plural:	ourselves
	yourselves
	themselves

1. Reflexiver Gebrauch

Das Reflexivpronomen darf nur verwendet werden, wenn Subjekt und Objekt im Satz **ein und dieselbe Person** sind. Es heißt eben deswegen „rückbezügliches Fürwort", weil es sich auf das Subjekt im Satz zurückbezieht.

S		**O**		
Mr. Smith	sees	himself	in the mirror.	**S = O**

2. Unterschiede zum Deutschen

Schwierigkeiten bei der Anwendung ergeben sich dadurch, dass es einige englische Verben gibt, die **keine Form von „oneself"** nach sich ziehen, obwohl im Deutschen „sich" steht. Dazu gehören u. a.

to apologize	sich entschuldigen	to lie down	sich hinlegen
to argue	sich streiten	to meet	sich treffen
to change	sich (ver)ändern	to move	sich bewegen
to complain	sich beklagen	to open	sich öffnen
to differ from	sich unterscheiden	to refer to	sich beziehen auf
to feel	sich fühlen	to refuse	sich weigern
to happen	sich ereignen	to relax	sich entspannen
to hide	sich verstecken	to remember	sich erinnern,
to hurry (up)	sich beeilen		sich merken
to imagine	sich (etwas) vorstellen	to wonder	sich fragen
to join	sich anschließen	to worry	sich Sorgen machen

3. Unterschiedliche Bedeutungen

Es gibt Verben, die als Objekt **sowohl ein Substantiv als auch ein Reflexivpronomen** nach sich ziehen können. Dabei verändert sich allerdings die **Wortbedeutung**. Lernen Sie diese Ausdrücke!

to enjoy	the party	die Party **genießen**
to enjoy	oneself	sich **amüsieren**
to help	a person	jemandem **helfen**
to help	oneself to the milk	sich mit Milch **bedienen**
to occupy	a town	eine Stadt **besetzen**
to occupy	oneself with a book	sich mit einem Buch **beschäftigen**
to control	the traffic	den Verkehr **kontrollieren**
to control	oneself	sich **beherrschen**

4. Verstärkender Gebrauch

Das **verstärkende Pronomen** hat dieselben Formen wie das Reflexivpronomen. Im Deutschen wird es mit „selbst, selber“ wiedergegeben. Das verstärkende Pronomen **hebt** das vorausgehende Substantiv oder Pronomen **besonders hervor**.

He prepared this delicious meal **himself**.

Relative Clauses – Relativsätze

Man unterscheidet im Englischen zwei Arten von Relativsätzen: den nicht notwendigen oder nicht bestimmenden (non-defining) Relativsatz und den notwendigen oder bestimmenden (defining) Relativsatz.

1. Nicht bestimmende Relativsätze (Non-defining Relative Clauses)

Nicht bestimmende Relativsätze ergänzen den Hauptsatz durch eine **Zusatzinformation**, die für das Verständnis des Hauptsatzes **nicht** unbedingt **notwendig** ist. Sie müssen durch ein **Komma** vom Hauptsatz abgetrennt werden.

a) Das Relativpronomen bei Personen

Nominativ	Peter, **who** lives in London, visits his uncle.
Genitiv	Peter, **whose** parents are rather old, plays chess.
Präposition + Dativ	Peter, **to whom** Tom owes a lot of money, is angry.
Akkusativ	Peter, **whom** I met yesterday, joined a club.

b) Das Relativpronomen bei Dingen

Nominativ	This room, **which** is our classroom, is new.
Genitiv	This room, **whose** walls are yellow, is rather small.
Präposition + Dativ	This room, **in which** we are, is full of pupils.
Akkusativ	This room, **which** you see, must be tidied.

2. Bestimmende/notwendige Relativsätze (Defining Relative Clauses)

Bestimmende Relativsätze bestimmen den Inhalt des Hauptsatzes näher. Sie enthalten **wichtige Informationen** und sind deshalb notwendig für das Verständnis des Satzes. Sie dürfen nicht durch ein Komma abgetrennt werden.

a) Das Relativpronomen bei Personen

Nominativ	The girl	**who** opens the door **that**		is Mary Parker.
Genitiv	The girl	**whose** bike was stolen		is very sad.
Präposition + Dativ	The girl	**for whom**	we are waiting	is late.
		whom	we are waiting **for**	
		who	we are waiting **for**	
		that	we are waiting **for**	
		–	we are waiting **for**	
Akkusativ	The girl	**whom**	we met	is nice.
		who	we met	
		that	we met	
		–	we met	

b) Das Relativpronomen bei Dingen

Nominativ	The book	**which** is red **that**			is from the library.
Genitiv	The book	**whose** cover is red			is very old.
Präposition + Dativ	The book	**with**	**which**	we work	is interesting.
			which	we work **with**	
			that	we work **with**	
			–	we work **with**	
Akkusativ	The book	**which**	I bought yesterday		was rather cheap.
		that	I bought		
		–	I bought		

Reported Speech – Indirekte Rede

1. Umwandlung von direkter in indirekte Rede

Eine beliebte Aufgabenstellung im Bereich der Grammatik ist die Umwandlung von der direkten in die indirekte Rede. Grundsätzlich ist bei der Umwandlung von direkter zu indirekter Rede Folgendes zu beachten:

a) Veränderung des Subjekts

Direkte Rede:	He says,	"**I**	am	tired."
		↓		
Indirekte Rede:	He says (that)	**he**	is	tired.

b) Veränderung des Possessivpronomens

Direkte Rede:	He says,	"I	close	**my**	book."
				↓	
Indirekte Rede:	He says (that)	he	closes	**his**	book.

c) Veränderung des Tempus des Verbs, wenn das „reporting verb" (Verb des Berichtens, z. B. „say") in einem Tempus der Vergangenheit steht.

	Direkte Rede		**Indirekte Rede**
Verb in	Simple Present	→	Simple Past
	Simple Past	→	Simple Past
	oder	→	Past Perfect
	Present Perfect	→	Past Perfect
	Past Perfect	→	Past Perfect
	Future I	→	Conditional I
	Future Perfect	→	Conditional Perfect

Direkte Rede:	He said,	"I	**shall (will)**	leave."
			↓	
Indirekte Rede:	He said	that he	**would**	leave.

Beachten Sie: Steht das „reporting verb" im Präsens, so bleibt das Tempus des Verbs erhalten.

Direkte Rede:	He says,	"I	**will (shall)**	leave."
			↓	
Indirekte Rede:	He says that	he	**will**	leave.

d) Veränderung von Adverbien

Direkte Rede:	→	**Indirekte Rede:**
now	→	then
here	→	there
this	→	that
yesterday	→	the day before
tomorrow	→	the next day
next week	→	the following week
ago	→	before
today	→	that day

e) Ein **Befehl** wird in der indirekten Rede als „object + infinitive" wiedergegeben. Das „reporting verb" „say" muss durch „tell" ersetzt werden.

Direkte Rede:	I	**said**	to him,		"Open	the window."
		↓				
Indirekte Rede:	I	**told**	– **him**	**to**	**open**	the window.

f) Ein **verneinter Befehl** erscheint als „object + negative infinitive". Die Umschreibung mit „do, does" fällt weg.

Direkte Rede:	I said	to him	"Do	not		open	the window."
Indirekte Rede:	I told	him	–	**not**	**to**	**open**	the window.

g) Bei der Umwandlung einer direkten in eine indirekte **Frage** müssen Sie Folgendes beachten:

- Ist die Frage mit einem **Fragewort** („who, when, where, what, how ...") eingeleitet, so bleibt dieses erhalten. In der indirekten Frage ändert sich nur die Satzstellung.

  Direkte Frage: Prädikat – Subjekt – Objekt (P – S – O)
  Indirekte Frage: Subjekt – Prädikat – Objekt (S – P – O)
  (Satzstellung wie im Aussagesatz)

			P	**S**	
Direkte Rede:	He asked me,	"What	**is**	**your name?"**	
Indirekte Rede:	He asked me	what	–	**my name**	**was.**
				S	**P**

- Ist **kein Fragewort** vorhanden, so müssen Sie die indirekte Frage mit „**if**" oder „**whether**" einleiten.

Direkte Rede:	He asked us,	–	"Are	you	hungry?"
Indirekte Rede:	He asked us	**whether**		we were	hungry.

- Die **Umschreibung** mit „do, does, did" entfällt bei der Umwandlung:

Direkte Rede:	He asked us,	"Why	do	you	leave	the party?"
Indirekte Rede:	He asked us	why	–	we	left	the party.

Ansonsten gelten die Regeln a–d.

2. Umwandlung von indirekter in direkte Rede

a) Indirekter Aussagesatz

Hier müssen Sie dieselben Regeln beachten wie bei der Verwandlung in die indirekte Rede, nur in umgekehrter Reihenfolge.
Wichtig ist, dass Sie als Erstes immer überprüfen, in welchem Tempus das „reporting verb" (Verb des Berichtens) steht. Steht es im Präsens, müssen Sie die Zeit des Verbs beibehalten, steht es in einer Vergangenheitsform, müssen Sie das Tempus des Verbs ändern!

Indirekte Rede:	She said	she	would sell	her	car	the next day.
		↓	↓	↓		↓
Direkte Rede:	She said,	"I	will sell (shall)	my	car	tomorrow."

b) Indirekter Fragesatz

Es gelten die Regeln a–d.

Beachten Sie:
- Das Fragewort bleibt erhalten.
- Ist die indirekte Frage mit „if" oder „whether" eingeleitet, so fällt dieses bei der Rückverwandlung weg.
- Umschreiben Sie mit einer Form von „to do" („do, does, did"), außer wenn ein Hilfsverb („is, are, was, were, can, could, must, may ...") im Satz steht.

Indirekte Frage:	She asks	whether	–	he	came	the day before.
Direkte Frage:	She asks,	–	"Did	you	come	yesterday?"

Subject and Object Questions – Fragen nach dem Subjekt und dem Objekt

Bei den Subjekt- und Objektfragen ist es wichtig, dass Sie den Satz nach Subjekt (Satzgegenstand im 1. Kasus = wer oder was?) bzw. Objekt (Satzaussage im 3. Kasus = wem? oder im 4. Kasus = wen oder was?) abfragen, damit Sie die folgenden Regeln anwenden können. Auch das Tempus, in dem der Satz steht, müssen Sie beibehalten.

1. Fragen nach dem Subjekt: „who“ oder „what“ = wer oder was?

a) nach Personen

Präsens	They visit the Tower. **Who** visits the Tower?	Sie besuchen den Tower. **Wer** besucht den Tower? **1. Kasus:** Frage nach dem Subjekt
Imperfekt	They visit**ed** the Tower. **Who** visit**ed** the Tower?	

b) nach Dingen

Präsens	The pear-tree grows in our garden. **What** grows in our garden?	Der Birnbaum wächst in unserem Garten. **Was** wächst in unserem Garten? **1. Kasus:** Frage nach dem Subjekt
Imperfekt	The pear-tree grew in our garden. **What grew** in our garden?	

Merken Sie sich: Wenn nach dem Subjekt des Satzes gefragt wird, darf **nicht** mit einer **Form von „to do“** umschrieben werden. Das Verb muss konjugiert werden, d. h. im Präsens muss es mit dem -s der 3. Person, in der Vergangenheit mit der Vergangenheitsendung gekennzeichnet werden.

2. Fragen nach dem Objekt: „whom = who“ oder „what“ = wen oder was?

a) nach Personen

Präsens	I know Jenny. (her) **Whom / Who do** I know?	Ich kenne Jenny. (sie) **Wen** kenne ich? **4. Kasus:** Frage nach dem Akkusativobjekt
Imperfekt	I knew Jenny. **Whom / Who did** I know?	

b) nach Dingen

Präsens	She buys a dress. **What does** she buy?	Sie kauft ein Kleid. **Was** kauft sie? **4. Kasus:** Frage nach dem Akkusativobjekt
Imperfekt	She bought a dress. **What did** she buy?	

Merken Sie sich: Bei Fragen nach dem Objekt müssen Sie im Präsens mit „**do / does**“ und im Imperfekt mit „**did**“ umschreiben.

3. Fragen nach dem Objekt mit Präposition: „to whom = who ... to?“, „to what = what ... to?“

Viele englische Verben ziehen eine Präposition nach sich, die im Deutschen nicht auftritt, sondern durch den 3. Kasus (Dativ) wiedergegeben wird.

a) nach Personen

Präsens	This book belongs **to** me. **To whom does** this book belong? **Who does** this book belong **to**?	Dieses Buch gehört mir. **Wem** gehört dieses Buch? **3. Kasus:** im Englischen mit Präposition – Frage nach dem Objekt mit Präposition
Imperfekt	This book belong**ed to** me. **To whom did** this book belong? **Who did** this book belong **to**?	

b) nach Dingen

Präsens	I listen **to** music. **To what do** I listen? **What do** I listen **to**?	Ich höre der Musik zu. **Wem** höre ich zu? **3. Kasus:** im Englischen mit Präposition – Frage nach dem Objekt mit Präposition
Imperfekt	I listen**ed** to music. **To what did** I listen? **What did** I listen **to**?	

Merken Sie sich: Bei der Frage nach dem Präpositionalobjekt (Objekt mit Präposition) muss ebenfalls mit „**do/does**“ bzw. „**did**“ umschrieben werden. Die Präposition kann dabei entweder **vor** dem Fragewort („who, what“) oder **am Ende** des Satzes stehen.

Tenses – Die Tempora

Wiederholen Sie eigenständig die Bildung der englischen Tempora. Für die Anwendung der englischen Tempora merken Sie sich folgende Grundregel:

So genannte Signalwörter zeigen Ihnen oft an, welches Tempus Sie verwenden müssen. Prägen Sie sich diese Signalwörter genau ein!

Für die Bildung bestimmter Tempora brauchen Sie z. T. das „present participle" bzw. das „past participle". Zur Bildung und Schreibweise siehe S. G 16.

1. Simple Present/Present Tense

Bildung	entspricht dem Infinitiv des Verbs	I usually **carry** the parcel to the post office.
	Beachten Sie: Umschreibung mit „**do/does**" in **Frage** und **Verneinung**, wenn das Prädikat aus einem Vollverb besteht	He **doesn't** carry .../I **don't** carry ... **Does** he carry ...?/**Do** you carry ...? **Doesn't** he carry ...?/ **Don't** you carry ...?
Verwendung	• **Gewohnheiten**, sich wiederholende Handlungen	I read the newspaper **every day**. *Signalwörter:* always, every day, every week, sometimes, usually, often, never
	• **allgemein gültige Aussagen, Wahrheiten**	The sun rises in the east.
	• **Gedanken, Gefühle,** ausgedrückt durch bestimmte Verben	**I think** it's wonderful. *weitere Verben:* to like, to want, to believe, to think, to mean, to know, to understand
	• **Zustände**, ausgedrückt durch bestimmte Verben	This book **belongs to** Tony. *weitere Verben:* to belong, to cost, to own, to need, to seem, to remember, to forget

2. Present Progressive/Present Continuous

Bildung	to be + present participle (am/is/are + -ing-Form)	He **is** just read**ing** a book. He **isn't** read**ing** a book. **Is** he read**ing** a book? **Isn't** he read**ing** a book?
Verwendung	• Handlungen, die **gerade** geschehen	He is **just** reading a book. *Signalwörter:* just, now, at this moment
	• Handlungen, die **für die Zukunft** schon fest **geplant** sind	I am flying to New York **next weekend**. I have already got the tickets.

3. Simple Past/Past Tense

Bildung	• **regelmäßige** Verben: -ed an den Infinitiv des Verbs	I talk**ed** to him yesterday.
	y → i	marr**y** → marr**ied**
	stummes -e fällt weg	believ**e** → believ**ed**
	Verdoppelung des **Konsonanten** am Wortende nach kurzem, betontem Vokal	dro**p** → dro**pp**ed
	• **unregelmäßige** Verben: vgl. die Liste in Ihrem Schulbuch (2. Verbform)	I **wrote** a letter.
	Beachten Sie: Umschreibung mit „**did**" in **Frage** und **Verneinung**	I **didn't** talk to him. **Did** you talk to him? **Didn't** you talk to him?

Verwendung	• Handlungen, die (in der Vergangenheit) **bereits abgeschlossen** sind	They moved to London **in 1982**.
	• Ereignisse einer Erzählung, die **bereits vergangen** sind	They packed their things into suitcases, loaded the car und left for Ireland. *Signalwörter:* yesterday, last week, last year, in 1934, ago, this morning (wenn bereits Nachmittag ist), Fragen mit „when", „what time"

4. Past Progressive/Past Continuous

Bildung	was/were + present participle (ing-form)	He **was** (not) writ**ing** a letter.

Verwendung	• wenn der **Vorgang** der Handlung interessiert und nicht das Ergebnis	He was reading a book.
	• Handlung, die zu einem Zeitpunkt in der **Vergangenheit noch nicht abgeschlossen** war	What were you doing **at 3 o'clock yesterday** afternoon?

5. Present Perfect

Bildung	have/has + past participle	I **have** just finish**ed** my homework.

Verwendung	• wenn eine Handlung in der Vergangenheit begonnen hat, aber **in der Gegenwart noch andauert** bzw. noch nicht abgeschlossen ist	I haven't met him **since** last Monday. *Signalwörter:* for, how long, since etc.
	• wenn das **Ergebnis** einer kürzlich stattgefundenen Handlung **sichtbar** ist	I have **just** washed the cups. They are clean **now**. *Signalwort:* just

• wenn etwas **schon einmal** oder (bis jetzt) **noch nie** geschehen ist	Have you **ever** been to England? *Signalwörter:* already, always, before, ever, yet (immer am Schluss des Satzes), never, not ... yet, often, so far, up till now
• wenn ein Ereignis während eines **noch nicht abgeschlossenen Zeitraums** stattfindet	I haven't seen him **today**. *Signalwörter:* this morning/week, today

Beachten Sie den Gebrauch von „since“ und „for“:

Beide Wörter werden im Deutschen mit „seit“ übersetzt!

since gibt den **Beginn** einer Handlung, einen **Zeitpunkt** an.	I haven't seen him since 1971. since last Friday. since 3 o'clock.
for bezeichnet die **Dauer** eines Zustands, den **Zeitraum**.	I have known him for 3 years. for a long time. for some months.
Beachten Sie: Im Deutschen steht häufig das Präsens.	Ich kenne ihn seit 3 Jahren.

6. Present Perfect Progressive

Bildung	have/has + been + present participle (ing-Form)	I **have been** wait**ing** for 3 hours now.
Verwendung	Handlungen, die in der **Vergangenheit begonnen haben** und bis in die **Gegenwart andauern**. Im Deutschen wird diese Zeit oft durch Präsens wiedergegeben.	Ich warte **schon** seit drei Stunden.

7. Past Perfect

Bildung	had + past participle	I arrived at the station after the train **had left**.
Verwendung	Wenn eine Handlung in der Vergangenheit (1) vor einer anderen Handlung in der Vergangenheit (2) abgeschlossen wurde. Past perfect tritt häufig in Verbindung mit past tense auf.	She had finished her letter (1) when the telephone rang. (2)

8. Past Perfect Progressive

Bildung	had been + present participle (ing-Form)	I had a bad cough because I **had been** walk**ing** in the rain for two hours until I decided to go in.
Verwendung	Handlungen, die bis zu einem Zeitpunkt in der Vergangenheit andauerten	

9. Future

Es gibt, je nach Absicht, verschiedene Möglichkeiten, die Zukunft auszudrücken.

a) will-future

Bildung	will/shall + infinitive (Infinitiv des Verbs)	Tomorrow the weather **will be** sunny.

Verwendung	• Ereignisse in der Zukunft, **auf die wir keinen Einfluss** haben	It will be very hot.
	• Handlungen, zu denen wir uns **im Augenblick des Sprechens entschließen**	I think I'll (will/shall) watch TV this evening.

b) going-to-future

Bildung	to be going to + infinitive	He **is going to** take part in the football match.
Verwendung	• Handlungen, die man zu tun **beabsichtigt**	I am going to study at Exeter.
	• **Vorhersagen** über die Zukunft aufgrund **äußerer Anzeichen**	Look at these clouds. It's going to rain.

c) Present Progressive

Bildung	to be + present participle (ing-Form)	We **are** watch**ing** the Davis Cup next week. I have already got the tickets.
Verwendung	Handlungen, die für die Zukunft **geplant** sind	*Signalwörter:* tomorrow, next week, next month, soon, tonight, this evening, afterwards

d) Future Progressive

Bildung	will + be + present participle (ing-Form)	**I'll be** read**ing** all evening.
Verwendung	Handlungen, die **zu einem Zeitpunkt** in der Zukunft ablaufen werden	I think I will be travelling to New York next year.

e) Future Perfect (oder Future II)

Bildung	will have + past participle	He **will have** reach**ed** England tomorrow by 9 o'clock.
Verwendung	Handlungen, die **zu einem bestimmten Zeitpunkt** in der Zukunft **abgeschlossen**, vollendet sein werden	*Signalwörter:* by then, before tomorrow, by + bestimmte Zeitangabe

10. Conditional I

Bildung	would + infinitive	He **would take** part in the race.
Verwendung	wenn eine Handlung unter einer bestimmten Bedingung eintreten würde	

11. Conditional Perfect/Conditional II

Bildung	would + have + past participle	He **would have bought** the house.
Verwendung	wenn etwas unter einer bestimmten Bedingung geschehen wäre	

Abitur Englisch – Thüringen
Übungsaufgabe 1 (Hörverstehen)

Bill Cosby – Address at the NAACP (17 May 2004)

Worksheet

1. Complete the following sentences.

   Bill Cosby blames ______________ because young people do not speak __________________. He says that if young people cannot express themselves properly they will not become ____________ or a pilot.

2. Tick (✓) the correct answer. Only one answer is correct.

   a) For Bill Cosby good parenting means …
   - ☐ looking after your child properly.
   - ☐ giving your child presents as a reward for good grades.
   - ☐ an educational job for mothers only.

   b) The achievements of Brown v. the Board of Education …
   - ☐ are endangered by white people.
   - ☐ mean very little to many Afro-Americans today.
   - ☐ had very little effect on the advancement of Afro-Americans.

   c) Bill Cosby is convinced that to solve this problem …
   - ☐ a lot of money is needed.
   - ☐ interfering into other people's business will be necessary.
   - ☐ Afro-Americans will have to renew their lifestyle completely.

3. Answer the following question in your own words:
   What does Cosby mean by saying "We've got to take the neighborhood back"?

   ____

   ____

   ____

4. Complete the table with facts from the text.
   Write one example each.

	Past	Present
Role of Parents		
Role of Education		

Lösungsvorschläge

Tapescript

*On 17th May 2004, Bill Cosby (*1937), famous black American comedian and film and TV star, delivered this address at a conference of the NAACP (**N**ational **A**ssociation for the **A**dvancement of **C**olored **P**eople) when it celebrated the 50th anniversary of Brown v. Board of Education, "an important US Supreme Court case (1954) which made segregation in public schools illegal. It was held after a school for white children in Topeka, Kansas, refused to accept a black girl called Linda Brown".*

(…)

In the old days, you couldn't hooky school because behind every drawn shade was an eye. And before your mother got off the bus and to the house, she knew exactly where you had gone, who had gone into the house. Parents don't know that today.

I'm talking about these people who cry when their son is standing there in an orange suit. Where were you when he was two? Where were you when he was twelve? Where were you when he was eighteen, and how come you don't know he had a pistol? (…)

These are not …, these are not political criminals. These are people going around stealing Coca Cola. People getting shot in the back of the head over a piece of pound cake! And then we all run out and are outraged: "Ah, the cops shouldn't have shot him." What the hell was he doing with the pound cake in his hand? (…)

Brown versus the Board of Education is no longer the white person's problem. We've got to take the neighborhood back. We've got to go in there. (…) It's right around the corner. It's standing on the corner. It can't speak English. It doesn't want to speak English. (…) I can't even talk the way these people talk: "Why you ain't where you is go, ra." I don't know who these people are. And I blamed the kid until I heard the mother talk. And then I heard the father talk. This is all in the house. (…) Everybody knows it's important to speak English except these knuckleheads. You can't land a plane with, "Why you ain't …" You can't be a doctor with that kind of crap coming out of your mouth. (…)

Why can't you hit the streets? Why can't you clean it out yourself? It's our time now, ladies and gentlemen. It is our time. And I've got good news for you. It's not about money. It's about you doing something that ordinarily we do – get in somebody else's business. It's time for you to not accept this language that these people are speaking, which will take them nowhere. What the hell good is Brown versus the Board of Education if nobody wants it? (...)

I mean, this is the future, and all of these people who lined up and done whatever – they've got to be wondering what the hell happened. Brown versus the Board of Education – these people who marched and were hit in the face with rocks and punched in the face to get an education and we got these knuckleheads walking around who don't wanna learn English. (...)

When you go to the church, look at the stained glass things of Jesus. Look at them. Is Jesus smiling? Not in one picture. So, tell your friends. Let's try to do something. Let's try to make Jesus smile. Let's start parenting. Thank you, thank you. (…)

From: *www.americanrheotoric.com*

1. *Bei Lückentexten wird gewöhnlich ein Punkt pro Lücke vergeben.*

   Bill Cosby blames **the parents** because young people do not speak (**correct**) **English**. He says that if young people cannot express themselves properly they will not become **a doctor** or a pilot.

2. *Bei Multiple Choice gibt es meist einen Punkt pro Teilaufgabe.*

   a) For Bill Cosby good parenting means …
   - ☑ looking after your child properly.
   - ☐ giving your child presents as a reward for good grades.
   - ☐ an educational job for mothers only.

   b) The achievements of Brown v. the Board of Education …
   - ☐ are endangered by white people.
   - ☑ mean very little to many Afro-Americans today.
   - ☐ had very little effect on the advancement of Afro-Americans.

   c) Bill Cosby is convinced that to solve this problem …
   - ☐ a lot of money is needed.
   - ☑ interfering into other people's business will be necessary.
   - ☐ Afro-Americans will have to renew their lifestyle completely.

3. He wants his audience to start acting. The problem should not be ignored, but tackled actively by confronting those people and encouraging them to speak properly.

4. *Bei solchen Aufgaben erhalten Sie einen Punkt pro geforderten Aspekt.*

	Past	**Present**
Role of Parents	always knew what their children were doing	don't take responsibility for their children
Role of Education	African Americans fought for getting a good education	not as important any more

George W. Bush – Address to the Nation on Immigration Reform (15 May 2008)

Worksheet

1. Give two examples of the American people's reaction to the immigration issue. People have …

   - ______________________________
   - ______________________________

2. Give two negative and two positive aspects mentioned in respect to unlawful immigration.

   - ______________________________
   - ______________________________
   - ______________________________
   - ______________________________

3. Tick (✓) the correct answer (only one).

   a) In his reform the president basically intends to …

   ☐ double the forces of the National Guard.
   ☐ stop illegal immigration altogether.
   ☐ keep out terrorists.
   ☐ reduce immigration to a minimum.

   b) Among Bush's proposals are the …

   ☐ installation of motion sensors in urban areas.
   ☐ use of unmanned reconnaissance planes south of the border.
   ☐ building of high-tech fences along border highways.
   ☐ construction of new roads for the Border Patrol.

4. Complete the table with facts from the text.

	Tasks during the period of transition
Border Patrol	•
National Guard	• • • •

Lösungsvorschläge

Tapescript

Good evening. I've asked for a few minutes of your time to discuss a matter of national importance – the reform of America's immigration system.

The issue of immigration stirs intense emotions, and in recent weeks, Americans have seen those emotions on display. On the streets of major cities, crowds have rallied in support of those in our country illegally. At our southern border, others have organized to stop illegal immigrants from coming in. Across the country, Americans are trying to reconcile these contrasting images. And in Washington, the debate over immigration reform has reached a time of decision. Tonight, I will make it clear where I stand, and where I want to lead our country on this vital issue.

We must begin by recognizing the problems with our immigration system. For decades, the United States has not been in complete control of its borders. As a result, many who want to work in our economy have been able to sneak across our border, and millions have stayed.

Once here, illegal immigrants live in the shadows of our society. Many use forged documents to get jobs, and that makes it difficult for employers to verify that the workers they hire are legal. Illegal immigration puts pressure on public schools and hospitals, it strains state and local budgets, and brings crime to our communities. These are real problems. Yet we must remember that the vast majority of illegal immigrants are decent people who work hard, support their families, practice their faith, and lead responsible lives. They are a part of American life, but they are beyond the reach and protection of American law.

We're a nation of laws, and we must enforce our laws. We're also a nation of immigrants, and we must uphold that tradition, which has strengthened our country in so many ways. These are not contradictory goals. America can be a lawful society and a welcoming society at the same time. We will fix the problems created by illegal immigration, and we will deliver a system that is secure, orderly, and fair. So I support comprehensive immigration reform that will accomplish five clear objectives.

First, the United States must secure its borders. This is a basic responsibility of a sovereign nation. It is also an urgent requirement of our national security. Our objective is straightforward: The border should be open to trade and lawful immigration, and shut to illegal immigrants, as well as criminals, drug dealers, and terrorists.

I was a governor of a state that has a 1,200-mile border with Mexico. So I know how difficult it is to enforce the border, and how important it is. Since I became President, we've increased funding for border security by 66 percent, and expanded the Border Patrol from about 9,000 to 12,000 agents. The men and women of our Border Patrol are doing a fine job in difficult circumstances, and over the past five years, they have apprehended and sent home about six million people entering America illegally.

Despite this progress, we do not yet have full control of the border, and I am determined to change that. Tonight I'm calling on Congress to provide funding for dramatic improvements in manpower and technology at the border. By the end of 2008, we'll increase the number of Border Patrol officers by an additional 6,000. When these new agents are deployed, we'll have more than doubled the size of the Border Patrol during my presidency.

At the same time, we're launching the most technologically advanced border security initiative in American history. We will construct high-tech fences in urban corridors, and build new patrol roads and barriers in rural areas. We'll employ motion sensors, infrared cameras, and unmanned aerial vehicles to prevent illegal crossings. America has the best technology in the world, and we will ensure that the Border Patrol has the technology they need to do their job and secure our border.

Training thousands of new Border Patrol agents and bringing the most advanced technology to the border will take time. Yet the need to secure our border is urgent. So I'm announcing several immediate steps to strengthen border enforcement during this period of transition:

One way to help during this transition is to use the National Guard. So, in coordination with Governors, up to 6,000 Guard members will be deployed to our southern border. The Border Patrol will remain in the lead. The Guard will assist the Border Patrol by operating surveillance systems, analyzing intelligence, installing fences and vehicle barriers, building patrol roads, and providing training. Guard units will not be involved in direct law enforcement activities – that duty will be done by the Border Patrol. This initial commitment of Guard members would last for a period of one year. After that, the number of Guard forces will be reduced as new Border Patrol agents and new technologies come online. It is important for Americans to know that we have enough Guard forces to win the war on terror, to respond to natural disasters, and to help secure our border.

The United States is not going to militarize the southern border. Mexico is our neighbor, and our friend. We will continue to work cooperatively to improve security on both sides of the border, to confront common problems like drug trafficking and crime, and to reduce illegal immigration. (…)

From: *www.americanrhetoric.com*

1. *Die erreichbare Punktzahl entspricht bei Aufgaben dieser Art der Anzahl der geforderten Aspekte.*
   - rallied in support of those in our country illegally.
   - organized to stop illegal immigrants from coming in.

2. - The vast majority of illegal immigrants are decent people who work hard.
   - They lead responsible lives.
   - Illegal immigration puts pressure on public schools and hospitals.
   - Illegal immigration strains state and local budgets. / It brings crime to communities.

3. a) In his reform the president basically intends to …
   - ☐ double the forces of the National Guard.
   - ☑ stop illegal immigration altogether.
   - ☐ keep out terrorists.
   - ☐ reduce immigration to a minimum.

   b) Among Bush's proposals are the …
   - ☐ installation of motion sensors in urban areas.
   - ☐ use of unmanned reconnaissance planes south of the border.
   - ☐ building of high-tech fences along border highways.
   - ☑ construction of new roads for the Border Patrol.

4.

	Tasks during the period of transition
Border Patrol	• will remain in the lead
National Guard	• operating surveillance systems • analyzing intelligence • installing fences / vehicle barriers • building patrol roads / providing training

Karin Agness –
How Conservative Women Are Reclaiming College Campuses (delivered 18 April, 2007)

Worksheet

1. Give two examples for NeW[1] activities.
   - ______________________________
   - ______________________________

2. a) What does Ms Agness criticise the University of Virginia (UVA) for?
   - ______________________________
   - ______________________________

   b) In which respect is the NeW a culturally conservative organisation?
   - ______________________________
     ____
   - ______________________________
     ____

3. Tick (✓) the correct answer (only one).

   a) According to Ms Agness in its program UVA …
   - ☐ does not focus on true intellectual diversity.
   - ☐ tries to include all choices open to women.
   - ☐ specializes in trans-sexuality and bisexuality.
   - ☐ allows room for discussions with female traditionalists.

   b) The members of NeW discuss books to …
   - ☐ get more information about feminism.
   - ☐ keep in touch with the latest literature.
   - ☐ enjoy each other's company and eat cookies.
   - ☐ understand what they have read.

4. Choose the most suitable title for the text.
   - ☐ How book clubs improve college education.
   - ☐ How conservative women are reclaiming college campuses.
   - ☐ How feminism reaches college campuses.

Annotations

1 *NeW:* Network of enlightened Women

Lösungsvorschläge

Tapescript

The organization I founded is called the <u>*Network of enlightened Women*</u>, or *NeW*. It's a contrast to the well-known feminist organization *NOW*, <u>*The National Organisation for Women*</u>, and it is a book club for conservative women.

(...) In *NeW*, we've created a community of conservative women. We meet regularly to discuss issues relating to gender, politics and conservative beliefs. And our mission statement is "to cultivate a community of conservative women and to expand the intellectual diversity on college campuses." And you hear all about diversity on college campuses, but unfortunately that's often focused too much on descriptive diversity rather than true intellectual diversity. So there's two tracks of *NeW*. First and foremost we are a book club. We read books together and discuss them. And then secondly, we hold events to try to educate the larger campus.

So I'd like to first share with you about the book club. Now the book club serves as a wonderful organizational tool. I'm sure many of you have been involved in organizations where you go to meetings, you seem to wander aimlessly, and you're not sure what you get out of those meetings when you leave. Unfortunately, that's how a lot of clubs are run. But with *NeW* this doesn't happen. You see, before each meeting our women read a chapter from the book. They come to the meeting, where there's always cookies, and someone gives a speech about the book and talks about what the – summarizes the chapter we were supposed to read. And then, we discuss the chapters. So by the time you leave, you really have an understanding of what we have read. And in this book club, what I find so wonderful about it, is that we're really reading ideas and reading about people who are often purposely left off of our college syllabi. You see, I'm going to show you the need for *NeW* by looking at the institutional bias found in some university departments.

Now there's another – you know, I told you about the Women's Center, an innocuous sounding name – there's another department that's institutionalized at UVA that has the same problem: the *Studies in Women & Gender* department. Once again, you would think this would be open to all women, but it's not. It has an inclusive department name, but it's exclusive in practice. You see, I'd like to share with you their introductory course. It's called "Women's Lives in Myth and Reality." It's the introductory course of the department so anybody that wants to major in this department has to take it. Now the description on the website reads, "This course will envision," or (excuse me), "This course will explore women's past and present circumstances and envision future possibilities and alternatives ..." Well in reality, the reality for many women includes aspirations to have a traditional family. And this course says, it will "envision future possibilities". Yet, there's no section on this syllabi that talks about the traditional family structure or deals with questions about how women who are both ambitious and want to have careers, but also recognize the value in having families. It just assumes that there's only one right choice.

And again if you look on the SWAG department website for their overall description of what they're about, it says the "Studies in Women and Gender is an interdisciplinary program that seeks to analyze history and culture from a woman's perspective." So we're trying to analyze history from a woman's perspective. So I searched to see if I could find works by conservative women on this SWAG syllabi – syllabus. And I searched and I searched and I searched. And after ten, I could find nothing. Rather, they had articles such as "Feminism à la Casa," bringing feminism to your house, and all kinds of different articles focusing on gender issues and trans-sexuality and bisexuality – but nothing on the traditional family. I really encourage you to read through some of these syllabi. It's actually quite laughable. But what we see here is lack of diversity and it really gets worse.

From: *www.americanrhetoric.com*

1. • read books and discuss them
   • hold events to try to educate the larger campus

2. a) • Their programmes exclude conservative women.
      • They are not interested in traditional family values.
      • No choices are offered/there is a lack of diversity.
   b) • They discuss conservative beliefs.
      • Their interest lies in the traditional family.

3. a) According to Ms Agness in its program UVA …
      - [x] does not focus on true intellectual diversity.
      - [ ] tries to include all choices open to women.
      - [ ] specializes in trans-sexuality and bisexuality.
      - [ ] allows room for discussions with female traditionalists.
   b) The members of NeW discuss books to …
      - [ ] get more information about feminism.
      - [ ] keep in touch with the latest literature.
      - [ ] enjoy each other's company and eat cookies.
      - [x] understand what they have read.

4. - [ ] How book clubs improve college education.
   - [x] How conservative women are reclaiming college campuses.
   - [ ] How feminism reaches college campuses.

Businesses going out of business
(excerpt from the Irish radio programme *Today with Pat Kenny* on RTÉ, 19 February, 2009)

Worksheet

1. Name three people involved in a rent review.
   - ______________________________
   - ______________________________
   - ______________________________

2. Complete the following sentences.

   Pia Bang believes that her retail experience has come to ________ ________________. But she is thinking about ____________ ________________ because she is not ________________ ________________. Her husband Jeff is the one who _______ ______________________________.

3. What does Pia Bang criticize about the rent system? Give three examples.
   - ______________________________
   - ______________________________
   - ______________________________

4. Tick (✓) the correct answer. Only one answer is correct.

   a) Pia Bang thinks that …

   ☐ young people should open restaurants and cafés.

   ☐ young entrepreneurs have to be supported and looked after.

   ☐ young people still have fairly good chances of starting a business.

   ☐ being nineteen is too young to start a business.

b) Pia Bang is planning …

- ☐ to give up business entirely.
- ☐ to start as a painter instead of running a shop.
- ☐ to sell her goods via the internet.
- ☐ to open a shop in another street.

Annotations:

1 *Grafton Street:* one of the two principal shopping streets in Dublin city centre and one of the streets with the highest rents worldwide.

2 *Bang Café:* restaurant and café in Mansion House, residence of the Lord Mayor in Dublin

4 *Residence:* pricy members only club in the city centre

Lösungsvorschläge

Tapescript

Pat Kenny: (…) According to data from the Central Statistics Office the annual volume of retail sales for 2008 decreased by 4.5 % compared to 2007 and of course they expect that figure to increase for 2009. Pia Bang, a well-known businesswoman and owner of Pia Bang Home interiors shop, is one of a number of casualties of the downturn, is shutting up shop at the end of the month. (…)
Let's talk to Pia first of all. Why are you closing? I mean this is the end of a very long adventure in retailing.

PIA: Well, I'm very sad as it is. Yes, I suppose. The rent has just got so high that it is impossible to stay in business.

PK: Tell me about your rent. What happened to it when you had a rent review?

PIA: When you have a rent review it goes through so many different persons. It first goes through the estate agent, then you try and talk about they … what …. what both sides could have said … well, mostly what the landlord wants. And then it has to go to an arbitrator and then it has to go to the landlord's agent. So you can see there's a long section of people that has to be paid along the line. And then what happens is that …

PK: These are all people who have to be paid a fee?

PIA: Yes, there's all fees for these people and then what happens in the end is that I actually get no say. I'm being told this is the rent, what's going to be.

(…)

PK: When was your rent review?

PIA: It was actually in 07. November 07.

PK: Alright and it went from what to what?

PIA: It went … it went from 118 and it's not settled yet, but they are hoping to get about 160, 165.

PK: So it went from 118,000 per annum to 160, which is a very dramatic increase. (…)

PIA: Well, they were all a bit high and they were all ... the rents have become high in the whole of Grafton Street and the area around there from few years back when all the English multiples came in and then they were so keen to get shops in Grafton Street that they would accept the very high rents and that's why the rents went up and up and up.

PK: So, the way these arbitrators work, is they look at rents around them, so you tend to get a rate for a street. So if Grafton Street goes up by 15 %, for example, then the next shop that goes up for a rent review, they'll say, well, 15 % is the rate.

PIA: Yeah-yeah.

(…)

PK: Now your store – you have a lease on that store for how many more years, Pia?

PIA: Ehm, I think I have another fifteen years. It is a sort of long lease, 21-year lease.

PK: Alright. So, you have a lease that in theory is worth some money, 'cause someone will ... but in the meantime you got to keep paying the rent.

PIA: Yes, absolutely, yes. And have to try and see, can I dispose of it now. That's going to be the difficulty.

PK: Is there much interest in … in premises around Grafton Street?

PIA: Well, I think that Anne Street is a bit lower rent than Grafton Street, so maybe somebody would like to down-trade from Grafton Street to get around the corner. You know, only two shops down. (…)

PK: So this is the end of the line, is it, for Pia Bang?

PIA: Yes, it is. Well, I never know what, but it's, I think …

PK: In terms of retail experience you think it's …

PIA: In terms of retail that's definitely it, yes.

PK: Yeah.

PIA: Yes.

PK: You may do something else.

PIA: I might, I may. I'm not someone for sitting still, so I'll think of something.

PK: You come from … your husband and your sons are great entrepreneurs.

PIA: Yes, Jeff is the one who's actually all along pushing me along for getting the different shops and moving along these.

PK: And the two boys …

PIA: And the two boys.

PK: … are running a successful restaurant.

PIA: They are now in the Residence now and Bang Café.

PK: Yes, so they're doing well. Well, I suppose the recession is, you know, challenging for them, too.

PIA: Well, I also feel that, you know, I would love to see that young people are able to be able and do start businesses and that and I don't see them being able to these days. You know, I think it's very important.

(…)

PK: Was there any talking to the landlord at all?

PIA: I've never spoken to them.

PK: You've never spoken to them?

PIA: No. You don't get to speak to them.

PK: You don't get to speak directly with the landlord?

PIA: No. You get to speak to the agents and everybody and there's kind of … I just feel that I wish that they could sort of come along and they could have said, look, what is actually possible. I feel what is the point of having an empty shop? And I think that they should come and talk to you and maybe they could have done something where they said over the five years why don't we do it step by step. Every few years it could go up so much or else they could say, look, we'll stay at the same rent as you had before for another year and then we'll talk about it and see. I feel that there has to be a change in that.

(…)

PK: Just Conor's coming in: I was a big fan of Pia Bang Home. Why doesn't she open somewhere further out, where there are lower rents? Are you tempted to do that?

PIA: Well, you never know. You never know.

PK: Would you be tempted to go online and run an operation on that?

PIA: Yes, I would. Yes, I would. I have been thinking, maybe I'm doing that and picking my fifty best pieces. I don't know. And I might sell my paintings online. You never know.

PK: Alright, 'cause you will have more time now to paint.

PIA: Yes.

From: *Today with Pat Kenny Show, RTÉ Radio 1, more podcasts can be found on www.rte.ie/radio*

1. • estate agent
   • landlord
   • arbitrator

2. *Achten Sie bei der Aufgabenstellung „complete with words from the text" darauf, nur Ausdrücke zu verwenden, die auch im Text vorkommen.*

   Pia Bang believes that her retail experience has come to **the end of the line**. But she is thinking about **doing something else** because she is not **someone for sitting still**. Her husband Jeff is the one who **is pushing her along**.

3. • The agents should come and talk to shop owners to find out what is possible.
   • Rents should be put up only step by step.
   • Rents should not be put up if tenants cannot pay.

4. a) Pia Bang thinks that …
   - [ ] young people should open restaurants and cafés.
   - [x] young entrepreneurs have to be supported and looked after.
   - [ ] young people still have fairly good chances of starting a business.
   - [ ] being nineteen is too young to start a business.

   b) Pia Bang is planning …
   - [ ] to give up business entirely.
   - [ ] to start as a painter instead of running a shop.
   - [x] to sell her goods via the internet.
   - [ ] to open a shop in another street.

Abitur Englisch – Thüringen
Übungsaufgabe 5 (Hörverstehen)

Lyndon Baines Johnson – The Great Society

Worksheet

1. Complete the table below with facts from the text.

	Building the Great Society in American cities
Problems	• • • •
Measures	• • •

2. Complete the following sentences with words from the text.

   In addition to the schools and the cities, the Great Society must also be built in the ______________________ because America must remain America the ______________________. The environment is threatened by ______________________, parks are overcrowded and more and more fields and forests are ______________________.

3. Tick (✓) the correct answer. Only one answer is correct.
   a) Which statement is correct?
      - ☐ 8 million Americans do not even start high school.
      - ☐ 20 million Americans have not finished 5 years of school.
      - ☐ About 54 million Americans have not finished high school.

   b) Each year 100,000 high school graduates do not enter college because …
      - ☐ they earn more money starting a job.
      - ☐ they do not have enough money.
      - ☐ their parents will not allow them to go.

4. Give **four** examples for problems in American schools.

- ______________________________
- ______________________________
- ______________________________
- ______________________________

Lösungsvorschläge

Tapescript

(…)

I have come today from the turmoil of your capital to the tranquillity of your campus to speak about the future of your country. (…)

Your imagination and your initiative and your indignation will determine whether we build a society where progress is the servant of our needs, or a society where old values and new visions are buried under unbridled growth. For in your time we have the opportunity to move not only toward the rich society and the powerful society, but upward to the Great Society. (…)

So I want to talk to you today about three places where we begin to build the Great Society – in our cities, in our countryside, and in our classrooms.

Many of you will live to see the day, perhaps 50 years from now, when there will be 400 million Americans – four-fifths of them in urban areas. In the remainder of this century urban population will double, city land will double, and we will have to build homes and highways and facilities equal to all those built since this country was first settled. So in the next 40 years we must re-build the entire urban United States.

Aristotle said: "Men come together in cities in order to live, but they remain together in order to live the good life." It is harder and harder to live the good life in American cities today. The catalogue of ills is long: there is the decay of the centers and the despoiling of the suburbs. There is not enough housing for our people or transportation for our traffic. Open land is vanishing and old landmarks are violated. Worst of all expansion is eroding these precious and time honored values of community with neighbors and communion with nature. The loss of these values breeds loneliness and boredom and indifference. (…)

A second place where we begin to build the Great Society is in our countryside. We have always prided ourselves on being not only America the strong and America the free, but America the Beautiful. Today that beauty is in danger. The water we drink, the food we eat, the very air that we breathe, are threatened with pollution. Our parks are overcrowded, our seashores overburdened. Green fields and dense forests are disappearing.

A few years ago we were greatly concerned about the "Ugly American". Today we must act to prevent an ugly America. (...)

A third place to build the Great Society is in the classrooms of America. (...) Today, 8 million adult Americans, more than the entire population of Michigan, have not finished 5 years of school. Nearly 20 million have not finished 8 years of school. Nearly 54 million – more than one quarter of all America – have not even finished high school.

Each year more than 100 000 high school graduates, with proved ability, do not enter college because they cannot afford it. (...)

In many places, classrooms are overcrowded and curricula are outdated. Most of our qualified teachers are underpaid and many of our paid teachers are unqualified. So we must give every child a place to sit and a teacher to learn from. Poverty must not be a bar to learning and learning must offer an escape from poverty.

But more classrooms and more teachers are not enough. We must seek an educational system which grows in excellence as it grows in size. And this means better training for our teachers. It means preparing youth to enjoy their hours of leisure as well as their hours of labor. It means exploring new techniques of teaching, to find new ways to stimulate the love of learning and the capacity for creation. (...)

From: *www.americanrhetoric.com*

1.

	Building the Great Society in American cities
Problems	• decay of the centers / despoiling of the suburbs • not enough housing / transportation • open land is vanishing • old landmarks are violated
Measures	• build homes • build highways • build facilities

2. In addition to the schools and the cities, the Great Society must also be built in the **countryside** because America must remain America the **Beautiful**. The environment is threatened by **pollution**, parks are overcrowded and more and more fields and forests are **disappearing**.

3. a) Which statement is correct?

- [ ] 8 million Americans do not even start high school.
- [ ] 20 million Americans have not finished 5 years of school.
- [x] About 54 million Americans have not finished high school.

b) Each year 100,000 high school graduates do not enter college because …

- [ ] they earn more money starting a job.
- [x] they do not have enough money.
- [ ] their parents will not allow them to go.

4.
- Classrooms are overcrowded.
- Curricula are outdated.
- Qualified teachers are underpaid.
- Paid teachers are unqualified.

Leistungskurs Englisch (Thüringen): Abiturprüfung 2006
Aufgabe I

Time to Play Fair?

Write off debt, boost aid – and give Africa the chance to help itself

Leo is one of the most resolute women I've met. A veteran of one of Johannesburg's largest AIDS orphanages and trained in child care, she looks after my 18-month-old daughter while my wife and I are at work – and she can be just as firm with adults as she is soft with kids. Six years ago, when she discovered the house she and her two sons were renting was up for sale, she bid for it at auction and won. But when she went to see the loan officer at the local branch of one of South Africa's biggest banks, he didn't want to know her. She didn't have enough for a deposit, he said. She was a bad risk.

Leo took time off work and went to plead her case every day for three weeks. Finally, in a last-ditch attempt before her home was reauctioned, she visited the office of the bank's CEO[1], sat herself down in his reception area and waited. After about six hours, the puzzled CEO invited her into his office. He listened to her story, reviewed her file, sensed her resolve and agreed to loan her the cost of the house. "You just have to persevere and be brave," Leo, who is still paying off her mortgage, says today. "If people tell you that you can't see the boss, don't listen to them. You've got to be determined."

Getting ahead is no easy task in Africa. It takes a plan, purpose and sometimes a streak of stubbornness. Those qualities are all present in the campaign to help end poverty in Africa that you've heard so much about lately. When the leaders of the rich G-8 countries – essentially the world's bank managers – meet in Scotland next month, everyone, from a pair of crusading rock stars to a gaggle of African premiers and presidents, will be campaigning for a better deal for the world's poorest continent. British Prime Minister Tony Blair has already convinced his G-8 counterparts to forgive the debt of 18 of the world's poorest countries, a deal worth more than $ 40 billion. At the summit in Gleneagles he will try to win other concessions.

But why should the world help Africa at all? The simple answer, says Niall FitzGerald, chairman of British news agency Reuters and a passionate backer of a new deal for Africa, is morality. "The rich world has brought its gifts to Africa: first exploitation, and then indifference," he said at the World Economic Forum's Africa summit in Cape Town earlier this month. "There is across the world a new awareness of the moral reprehensibility of what we have allowed to happen in Africa." There is also self-interest. Tanzanian President Benjamin Mkapa points out that disease and despair will hurt the rich world by driving illegal immigration and the dissemination of killer germs if left unchecked. "You can't build a fire wall around Africa and expect its problems not to spread," Mkapa said at the meeting.

But the rich world has given Africa around $ 1 trillion over the past four decades and the continent is poorer than ever. And many of Africa's woes have been self-inflicted: corruption, wars, mismanagement. True and true. Over the past decade or so, however, there has been a new and serious attempt by many of Africa's leaders to start fixing some of those problems. Countries such as Ghana and Mozambique, once torn by civil war and coups, have enjoyed tiger-like economic growth thanks to better leadership and foreign investment. Nigeria, whose name has become synonymous with fraud and scam artists[2], has started tackling corruption. And former advocates of "African socialism" such as Tanzania have embraced the free market and begun to grow.

On balance, say Africa's boosters[3], much of the continent would now benefit from a "big bang" injection of aid and better trade conditions. Africa is not going to change overnight and there is sure to be frustrating backsliding from some countries. Two weeks ago, for example, the government in Ethiopia, which has won praise for its reforms over the past few years, was behind a violent crackdown on opposition supporters. It does seem possible, though, that with the right combination of policies we will look back in 20 years' time and see 2005 as a turning point.

But it's going to take more than just debt forgiveness. A boost in aid will help. African leaders can also do more, including dropping their destructive and misguided loyalty to rogue[4] regimes like Zimbabwe's. Perhaps most crucially, though, Africa needs a chance to sell its grain and cotton and fruit and vegetables to the rest of the world. Unless Europe, the U.S. and Japan make a serious attempt to cut their distorting and self-indulgent agricultural subsidies at the World Trade Organization meeting in Hong Kong later this year, Africa will always struggle to break out of its poverty trap. Forgiving debt without opening up markets would be like sponsoring a sports team and then asking the players to take the field with their hands tied behind their backs. It's time to come up with the money Africa needs now. But to make sure Africa can pay its own way in the future, the rich world has to let the continent go to work as well.

By Simon Robinson, from: TIME, June 27, 2005

Annotations:

1 CEO: *abbr* chief executive officer
2 scam artist: *infml* dishonest businessperson
3 booster*:* sb who supports sb or sth
4 rogue: not following rules and causing trouble

Tasksheet

A. Working with the text

Your class is dealing with current affairs and how to overcome problems.

Do the following tasks, using your own words as far as appropriate. 31 BE

Name the reasons why it is essential to help Africa.
Contrast internal African problems that hinder the fight against poverty and the efforts made by different African states to solve them.
Evaluate Africa's chance of ending poverty, include the author's conclusions for effective help.
Analyse the first two paragraphs with regard to content, language and function.

B. Composition

Choose *one* of the following tasks. Write at least 400 words. 31 BE

1. *"You just have to persevere and be brave."*
   Reflect on this statement.

2. *You are determined to spend a year in Africa to help people in need.*
   Write a letter to Leo in order to prepare your stay.

Lösungsvorschlag

A. Working with the text

Time to Play Fair

Hinweis: In der ersten Teilaufgabe sind Sie aufgefordert, die Gründe zu benennen, warum es notwendig ist, Afrika zu helfen. Vergessen Sie nicht, eine Gliederungsüberschrift zu schreiben.

Reasons for helping Africa

- moral obligation for many rich countries because of Africa's colonial past (exploitation and indifference)
- self-interest to protect their countries from illegal immigration and the spreading of diseases

Hinweis: In der folgenden Aufgabe müssen Sie die inneren Probleme Afrikas den vielfältigen Bemühungen der verschiedenen Staaten kontrastierend gegenüberstellen. Die Form einer Tabelle eignet sich nur bedingt, da nicht zu jedem Punkt ein Gegenüber gefunden werden kann. Sie haben die Möglichkeit, entweder Stichpunkte oder einen zusammenhängenden Text zu formulieren.

Contrasting internal African problems and efforts taken by different states to overcome poverty

Africa's internal problems		efforts taken by different states
• corruption • wars • coups • mismanagement • fraud • "African socialism"	⇨ ⇦	• economic growth in Ghana and Mozambique; thanks to better leadership and foreign investment • fight against corruption in Nigeria • free market in Tanzania resulted in growth • reforms in Ethiopia over the past few years

Hinweis: Nachdem Sie sich mit dem Text intensiv auseinandergesetzt haben, sollen Sie unter Einbeziehung der Schlussfolgerungen des Autors für eine effektive Hilfe, die Chancen einschätzen, die Afrika Ihrer Meinung nach hat, um die Armut zu beenden. Dabei obliegt es Ihnen, ob Sie sich für eine optimistische oder eher pessimistische Lösung entscheiden.

Evaluation of Africa's chance to end poverty

Nowadays, Africa does indeed have a chance of ending poverty. Not only the rich countries are aware of the poorest continent's problems and are trying to help, but several African states are also making efforts to achieve their goals on their own. This is essential because Africa cannot always rely on foreign help. It is clear that the process of change will take a long time – the author speaks of more than 20 years – and there will certainly be backsliding.
The author mentions some ways of offering effective help. The main point is that forgiving debts is not enough – Africa needs more aid. Additionally, African governments

should not be loyal to rogue regimes. Furthermore, opening up markets for African products is crucial, so that Africa can sell its goods all over the world. Therefore Europe, the United States and Japan have to cut their agricultural subsidies so that fair trade is guaranteed.
All in all, Africa is on the right way towards ending poverty, but it will still take a lot of time.

Hinweis: In der letzten Teilaufgabe sollen Sie die ersten zwei Absätze genau untersuchen, um deren Inhalt, Sprache und Funktion zu erklären. Ein zusammenhängender Text wird von Ihnen erwartet.

Analysis of the first two paragraphs with regard to content, language and function

The first two paragraphs of the text tell Leo's story, a remarkable South African woman and committed veteran of one of Johannesburg's largest AIDS orphanages. Her house was up for sale, so she bid for it at auction and won. One of the biggest South African banks did not give her a loan because she was too poor. She pleaded her case for three weeks without any success. Eventually, she went to the CEO's office, and waited there for six hours until the CEO listened to her story and loaned her the money. Leo is characterised as most resolute, energetic, persistent and brave.
The language applied by the author supports the positive image of the woman. All the adjectives used to describe Leo have a positive connotation, for example *brave* (line 14), *determined* (line 15), *most resolute* (line 1). Although the rest of the text is about the economy, the author uses common language. These two paragraphs mainly consist of short words, and there are also short forms like *didn't* and *I've* and words from the field of banking, for instance *loan officer* (line 7), *deposit* (line 8), *a bad risk* (line 8), *mortgage* (line 14). Direct speech makes the text more authentic. *"You just have to persevere and be brave."* (lines 13/14) *"If people tell you that you can't see the boss, don't listen to them. You've got to be determined."* (lines 14/15) Enumeration/accumulation and parallel sentence structure can also be found: *He listened to her story, reviewed her file, sensed her resolve and agreed to loan her the cost of the house.* There is also alliteration – *biggest bank* (line 7) – and comparison in the form of a simile: *as firm with adults as she is soft with kids* (lines 4/5).
The story functions as an emotional introduction to the rest of the text. The individual case of an African woman arouses the reader's interest and opens the reader's mind to the following information. Furthermore, the personal relationship between the author and the woman, who looks after his daughter creates credibility.

B Composition

1. Life has never been easy, and life is not easy nowadays. In times when having a job is considered more important than health it cannot be denied that money has become the centre of our world. But what if there is not enough of it? Just think of Africa.
   Leo, a resolute South African woman, showed in an impressive way how she reached her aim. Thanks to her perseverance, bravery and patience she got the loan she needed to buy her house.
   Try your best and never give up – is this the secret of success? It is important to have realistic goals. Achieving something without any effort is wishful thinking and seldom works, but if you are willing to do something to achieve your aims then you can succeed.
   To give you an example: Our school library was in a really bad state. We urgently needed new furniture – the bookshelves were old and no longer safe, a computer would have been a good idea to surf the Internet and do some research or to use interactive

programmes and we would also have liked to have new books. But there was no money. So we had to look for a solution and after a while we found a good one. We turned to a local member of the Thuringian state parliament and told him about our problem. He was optimistic that he could help us. What followed was lots of paperwork, but we succeeded. Five months later we had a well-equipped, up-to-date library. So it was really worth trying.

It is also no secret that people with an optimistic attitude who are full of energy and convinced that they might succeed can succeed even if prospects are bleak.

Finally, I have to admit that you also have to be lucky. It is not always enough "to persevere and be brave". Leo was lucky because the CEO did not send her away and did not refuse to lend her the money, whereas we were lucky because we found a politician who listened to our problem and who knew what to do to raise funds for our school library.

But there are a lot of situations where one tries and tries and does not succeed while others become successful without much effort. You only have to think of a Formula One car race in which all the potential winners are involved in a crash and so "nobody" can win.

To put it in a nutshell, the advice "to persevere and be brave" is a good way of motivating oneself but it is not a guarantee of success.

2.

26 Main Street
Holzdorf

11 June 2006

Dear Leo,

How are you? I hope you and the children are all well and everything is running smoothly at the orphanage. But now listen, I've got some good news: You know that I always wanted to help people in need? That is why I support one of your orphans, but that is only financial help and I thought I could do more. After passing my final exams I called a relief organization working for Africa. I talked to a nice lady and told her about my intention to spend a year in Africa before starting university and guess what – she offered me a job in one of their teams! At first I couldn't believe my ears: me working in Africa, helping where help is really needed. My heart jumped for joy. But then I thought about my parents – would they give their okay? It might be dangerous and they knew that. So I waited for the right moment to tell them and – they agreed.

I am so happy planning my year in Africa. My organization supports a project in Namibia that helps people to help themselves. The farmers grow their own food and breed cattle and goats so that they are self-sufficient and do not depend on aid programmes any longer. It's the volunteers' task (2 other girls and 3 young men – also my age) to teach the children to read and write and what to do to protect themselves against AIDS and prevent it spreading. You know best that this is a serious and important task. The project is going to start in October but I could come to Johannesburg in July to help in your orphanage and to get to know my foster child before leaving for Namibia. You don't have to pay me – all I need is a place to sleep and something to eat. I'd really want to be part of your team and learn how to deal with AIDS orphans because I feel sorry for them but that won't help them. Perhaps I could learn a few words in their mother tongue. Could you tell me about your daily routine so that I can get an idea of what life is like in your orphanage and how it's organised?

Before I leave I want to do some fundraising and buy little presents for the children. What do you need most for the upkeep of the orphanage? What would the children like to have?

Do you think someone could meet me at the airport? – but only if it doesn't cause any problems. Do you think it's a good idea to rent a car while I'm staying in Johannesburg? Are there any sights close by I could have a look at in my free time?
Sorry, you see I've got a lot of questions. I'm so excited about meeting you and working in your orphanage (if you don't mind) because I think it must be a wonderful feeling to help people in need.
I look forward to hearing from you as soon as possible.

Love,
Jenny from Germany

Fever Dream

They put him between fresh, clean, laundered sheets and there was always a newly squeezed glass of thick orange juice on the table under the dim pink lamp. All Charles had to do was call and Mom and Dad would stick their heads into his room to see how sick he was. The acoustics of the room were fine; you could hear the toilet gargling its porcelain throat of mornings, you could hear rain tap the roof or sly mice run up the secret walls, the canary singing in its cage downstairs. If you were very alert, sickness wasn't too bad.

He was fifteen, Charles was. It was mid-September, with the land beginning to burn with autumn. He lay in the bed for three days before the terror overcame him.
His hand began to change. His right hand. He looked at it and it was hot and sweating there on the counterpane, alone. It fluttered, it moved a bit. Then it lay there, changing colour.

That afternoon the doctor came again and tapped his thin chest like a little drum. 'How are you?' asked the doctor, smiling. 'I know, don't tell me: "My *cold* is fine, Doctor, but I feel lousy!" Ha!' He laughed at his own oft-repeated joke.
Charles lay there and for him that terrible and ancient jest was becoming a reality. The joke fixed itself in his mind. His mind touched and drew away from it in a pale terror. The doctor did not know how cruel he was with his jokes! 'Doctor,' whispered Charles, lying flat and colourless. 'My *hand,* it doesn't *belong* to me any more. This morning it *changed* into something else. I want you to change it back, Doctor, Doctor!'
The doctor showed his teeth and patted his hand. 'It looks fine to me, son. You just had a little fever dream.'
'But it changed, Doctor, oh, Doctor,' cried Charles, pitifully holding up his pale wild hand. 'It *did!*'
The doctor winked. 'I'll give you a pink pill for that.' He popped[1] a tablet on to Charles's tongue. 'Swallow!'
'Will it make my hand change back and become *me,* again?'
'Yes, yes.'[…]

At four o'clock his other hand changed. It seemed almost to become a fever, a chemical, a virus. It pulsed and shifted, cell by cell. It beat like a warm heart. The finger-nails turned blue and then red. It took about an hour for it to change and when it was finished, it looked just like any ordinary hand. But it was not ordinary. It no longer was him any more. He lay in a fascinated horror and then fell into an exhausted sleep.

Mother brought the soup up at six. He wouldn't touch it. 'I haven't any hands,' he said, eyes shut.
'Your hands are perfectly good,' said Mother.
'No,' he wailed. 'My hands are gone. I feel like I have stumps. Oh, Mama, Mama, hold me, hold me, I'm scared!'
She had to feed him herself.
'Mama,' he says, 'get the doctor, please, again, I'm so sick.'
'The doctor'll be here tonight at eight,' she said, and went out.

At seven, with night dark and close around the house, Charles was sitting up in bed when he felt the thing happening to first one leg and then the other. 'Mama! Come quick!' he screamed.

But when Mama came the thing was no longer happening.

When she went downstairs, he simply lay without fighting as his legs beat and beat, grew warm, red-hot, and the room filled with the warmth of his feverish change. The glow crept up from his toes to his ankles and then to his knees.

'May I come in?' The doctor smiled in the doorway.

'Doctor!' cried Charles. 'Hurry, take off my blankets!'

The doctor lifted the blankets tolerantly. 'There you are. Whole and healthy. Sweating, though. A little fever. I told you not to move around, bad boy.' He pinched the moist pink cheek. 'Did the pills help? Did your hand change back?'

'No, no, now it's my other hand and my legs!'

'Well, well, I'll have to give you three more pills, one for each limb, eh, my little peach?' laughed the doctor.

'Will they help me? Please, please. What've I *got?*'

'A mild case of scarlet fever, complicated by a slight cold.'

'Is it a germ that lives and has more little germs in me?'

'Yes.'

'Are you *sure* it's scarlet fever? You haven't taken any tests!'

'I guess I know a certain fever when I see one,' said the doctor, checking the boy's pulse with cool authority.

Charles lay there, not speaking until the doctor was crisply[2] packing his black kit. Then in the silent room, the boy's voice made a small, weak pattern, his eyes alight with remembrance. 'I read a book once. About petrified trees, wood turning to stone. About how trees fell and rotted and minerals got in and built up and they look just like trees, but they're not, they're stone.' He stopped. In the quiet warm room his breathing sounded.

'Well?' asked the doctor. […] 'What's all this about?' The doctor bent over him.

'I've got to tell you this. Doctor, oh, I've got to!' he cried. 'What would happen, oh just pretend, please pretend, that just like in the old days, a lot of microbes got together and wanted to make a bunch, and reproduced and made *more* –'

His white hands were on his chest now, crawling towards his throat.

'And they decided to *take over* a person!' cried Charles.

'Take over a person?'

'Yes, *become* a person. *Me,* my hands, my feet! What if a disease somehow knew how to kill a person and yet live after him?'

He screamed.

The hands were on his neck.

The doctor moved forward, shouting.

By Ray Bradbury, in: To Sing Strange Songs, Abner Stein 2000

Annotations:

[1] to pop: to put sth somewhere quickly

[2] crisply: in a quick and confident manner

Tasksheet

A. Working with the text

Your class is dealing with modern short stories. You have chosen "Fever Dream" by Ray Bradbury as your contribution.

Do the following tasks, using your own words as far as appropriate. 31 BE

Summarise the story.

Trace the development of the boy's fever dreams and show the doctor's corresponding reactions.

Reflect on the relationship between Charles and his parents.

Analyse how the narrator creates and keeps up the tension. Refer to structure and language.

B. Composition

Choose *one* of the following tasks. Write at least 400 words. 31 BE

1. *"The doctor moved forward, shouting."*
   Continue the story. Keep to the narrative point of view.

2. *Life is no fun and games.*
   Considering this statement, reflect on a situation/on situations in which you had to tackle problems.

Lösungsvorschlag

A. Working with the text

Fever dream

Hinweis: Sie sollen in dieser Teilaufgabe eine Inhaltsangabe der Kurzgeschichte erstellen. Dabei sind die Regeln zum Verfassen einer Summary zu beachten. Die wichtigsten Ereignisse werden in komprimierter Form unter Auslassung von Details (hier z.B. wörtliche Rede u. a.) zusammengefasst. Eine Summary sollte in der Regel im Präsens abgefasst sein, im vorliegenden Fall ist aber auch das Präteritum möglich.

Summary of the story

The main character of Ray Bradbury's short story "Fever Dream" is Charles, a thin, 15-year-old boy, who suffers from scarlet fever which is complicated by a cold. That is why he has to stay in bed. On the third day of his illness Charles is tormented by fever dreams. To him first his hands and then his feet seem to change. Horror-stricken he tries to involve his mother and the doctor in these fantasies but both ignore them. What is more, the doctor does not even regard the boy's illness as particularly serious and tries to reassure him by giving him some pills. But the boy gets in a panic. The increase in the dose of pills has no success. In his delirious state Charles seems to try to harm himself. Finally, the doctor realizes the seriousness of the boy's state and acts at once.

Hinweis: Sie sollen nun Schritt für Schritt sowohl die Entwicklung der Fieberträume des Jungen darstellen, als auch die Reaktion des Arztes darauf. Dabei entscheiden Sie selbst, welche Form der Präsentation Sie wählen möchten. Sie können sich für einen zusammenhängenden Text oder Stichpunkte entscheiden. Beachten Sie, dass Sie die einmal gewählte Zeitform beibehalten.

Presentation of the development of the boy's fever dreams and the doctor's reactions to them

boy	doctor
– after staying in bed for three days terror overcomes Charles – hallucinations	– comes and explains: only a little fever dream
– his right hand changes colour, hot and sweating, fluttering and moving a bit	– gives the boy a pink pill, treats him in a routine way
– at 4 o'clock his other hand begins to change; it seems "to become a fever, a chemical, a virus …" – hand pulses and shifts cell by cell, beats like a warm heart, his fingernails turn blue and then red	
– after an hour the change is finished, his hand seems ordinary, but it is not – boy in fascinated horror, falls into an exhausted sleep	
– after 6 o'clock boy feels he has no hands but stumps, is scared and asks for the doctor	

– at 7 the boy is sitting up in bed, feels the thing happening first to one leg and then to the other – Charles is screaming, stops when his mother comes in – his legs beat, grow warm, red-hot, from his toes to his ankles and then to his knees	
– Charles is crying – is afraid of being transformed and being taken over by microbes, breathing heavily – cries with fear – his white hands are on his chest crawling towards his throat, on his neck – perhaps: in his delirium he might do harm to himself	– arrives at 8, smiles, pinches the boy's cheek to calm him down, asks some questions, gives him three more pills and laughs – does not take the patient seriously – his comment: a mild case of scarlet fever complicated by a slight cold – checks the boy's pulse with cool authority – does not understand, bends over him – moves forward, shouts – takes the boy seriously now

Hinweis: Nach intensiver Auseinandersetzung mit dem Text sollen Sie nun über die Beziehung zwischen Charles und seinen Eltern nachdenken. Sie werden bei sorgfältiger Reflexion feststellen, dass diese Beziehung ambivalent ist. Verfassen Sie hier einen Fließtext.

Reflection on the relationship between Charles and his parents

On the one hand Charles's parents care about his well-being. "They put him between fresh, clean, laundered sheets and there was always a newly squeezed glass of thick orange juice …" (lines 1/2). When the boy called, the parents would come immediately to look after him. In the evening his mother brings him something to eat and feeds him. She tells her son, "Your hands are perfectly good" (line 36). That way she tries to calm him down.

On the other hand his parents do not really comfort him. There is no mention of any soothing words or body contact, hugging or cuddling. Charles begs his mother to hold him because he is so scared, but she does not. Neither the mother nor the father sits at their son's bedside and holds Charles's hands. No one tries to distract him from his sickness.

Although Charles's parents provide food and shelter for their son (material things) they do not have a close, emotional relationship to him.

Hinweis: In der letzten Teilaufgabe untersuchen Sie den Aufbau der Kurzgeschichte und ihre Sprache im Detail, um zu erklären, wie der Autor Spannung erzeugt und es ihm gelingt, diese aufrecht zu erhalten. Es wird von Ihnen nicht verlangt, dass Sie alle sprachlichen Mittel finden, aber Sie sollten mindestens drei, besser vier benennen und erläutern. Es wird ein zusammenhängender Text erwartet.

Analysis of the structure and language to show how tension is created and maintained

Structure:
In the introduction to this short story the environment and atmosphere are described as peaceful, harmonious and orderly. Tension is created when the main part gives the gradual development of the illness in chronological order. Thus the climax is prepared step by step, going from bad to worse: first one hand, then the other, the legs and finally the complete body change. The boy's growing fear and despair stand in stark contrast to the doctor's and the mother's behaviour. The ending is open, but it suggests danger and horror.

Language:
The narrator uses a variety of words with a negative connotation, for instance nouns like *terror, fear, horror*, verbs like *burn, cry, scream, kill, shout,* and adjectives like *cruel, terrible, colourless, wild, feverish.* A lot of adverbial phrases of time are used to lead to the climax, e.g. *in the afternoon, at 4 o'clock, at 6, at seven, tonight at 8.*
Lots of rhetorical figures are applied in this short story. Both types of comparisons, metaphors and similes, can be found. The text contains similes like "It beat like a warm heart" (line 30) or "I feel like I have stumps" (line 37) and metaphors like "with night dark and close around the house" (line 42) or "the land beginning to burn with autumn" (lines 8/9). These stylistic devices should stimulate the reader's imagination. If something burns it gets very hot. The boy also feels very hot because of his fever. Autumn, the last season before winter, is the time when dying starts in nature. By choosing autumn, the author wants to tell the reader that it might be the end of something or someone. There is also personification in the text, for example "the terror overcame him" (line 9). The boy's fear and despair are revealed in the repetition of several words: "Doctor, oh, Doctor" (line 23), "Oh, Mama, Mama, hold me, hold me" (lines 37/38). Additionally, contrast is applied. "My cold is fine, Doctor, but I feel lousy!" Some words are printed in italics to draw the reader's attention to them.

B. Composition

1. The doctor moved forward, shouting. He pulled Charles's hands from his neck. They were very hot, stiff and twitching, in a spasm of terrifying strength. "Charles, Charles, don't pass out," the doctor shouted, his face white with horror. "Charles, look at me!" He fought hard to keep the boy's hands away from his neck. Again and again they tried to claw at the patient's throat. Charles moaned. His temperature was very high.
   The doctor shouted for help. Charles's mother rushed in. Seeing the doctor fight against an invisible, implacable foe in her son's body she felt that there was no time for questions. She waited for instructions. The doctor told her to bring a bowl with tepid water and several towels. She hurried away to the bathroom. A door slammed and a bucket clattered noisily to the floor. The doctor heard water running. After a few seconds the mother returned to the boy's room and put the bowl and the towels hastily on the bedside table.
   The doctor's face was panic-stricken. The boy had lost consciousness. The convulsions hadn't stopped. Charles's muscles were stiff and twitched involuntarily. The doctor held Charles's hands so that they couldn't harm him. He told the mother to soak the

towels and wrap them around the boy's chest and legs to get the temperature down. By and by Charles calmed down, and the moaning stopped. The tepid compresses seemed to be working.

After 10 minutes the convulsions had gone – Charles's body relaxed. The boy came round and opened his eyes slowly. "Hello, young lad, what a fright you gave us! But now everything will be okay," the doctor sighed with relief. Charles's mother took her son's hand and cried silently.

Charles was exhausted. He didn't want to talk, he just wanted to sleep – sleep for hours, for days, forever. In the dim light he saw his mother come closer and felt something cold on his forehead. He fell asleep.

The doctor checked the boy's pulse and breathing and took his temperature. He nodded satisfied – the temperature was falling. He showed the mother out of the room so that they could talk.

Downstairs in the kitchen the mother offered the doctor a cup of tea and he told the parents about their son's state of health. He apologized for not having taken Charles's illness seriously enough and that he hadn't expected those complications – normally only known in little children. He advised them to check the boy's temperature every hour and change the compresses regularly.

"If Charlie's temperature rises you will have to call an ambulance. He will have to be taken to hospital," the doctor said before he left at 10.

That night the parents didn't leave their son alone. They did as the doctor told them and when the boy opened his eyes the next morning he felt better and did not remember his fever dreams.

He had to stay in bed for three more days because he was too weak to move around. His mother sat next to his bed and read his favourite adventure stories to him. He slept a lot and soon recovered.

The doctor swore to himself never again to take a fever lightly.

2. One of our favourite mottos is "Have fun. Enjoy yourself." Endless fun, wild parties and celebrations, happiness, no problems at all – what a wonderful world! Switch on the TV and you will see what I mean. But soon you will discover that a lot of things are expensive if you have to pay for them yourself; the older you get, the more responsibility you have to take on and it often takes hard work to reach a certain goal. Then you start to understand what is meant by "Life is no fun and games".

   When I was a child I had to tackle problems, too, and at that time I considered them important. Solving problems successfully gave me confidence and security and if something went wrong I gained, at least, the experience of what to do differently when a similar problem occurred. Growing up also involved making decisions that would influence my future life, like choosing a career, moving out or starting a family.

   When it came to choosing my career I envied the boys in my class – most of them can think about their dream job for nearly a year longer because they join the army or do their community service first. So they can gain lots of different experience and do not have to apply to university straightaway.

   Last year I went to a job centre to look for information on a suitable profession that I might like and to get help and advice. My parents always listened to my ideas and we discussed my future a lot. I talked to friends, surfed the Net and read books. I wanted someone to tell me: "Do this, don't do that". But although I was given good advice, they all told me: "It's your life. You have to decide on your own." So I took a sheet of paper and wrote down all the pros and cons of going abroad and working as an au pair or staying in Germany and applying to university. I finally made up my mind and decided in favour of staying here and starting my studies. Maybe I can study abroad for a few semesters or work in a foreign country to improve my foreign languages and

learn about different cultures. My parents welcomed my decision and were happy that I was not going abroad so soon.
So far I have applied to several German universities and there are new problems to solve. Problems like how to find appropriate, affordable accommodation. Should I live alone or in a hall of residence on campus? Will I make new friends quickly? Did I really choose the right profession? Can I cope with new problems?
Time will show. Life is no fun and games and I know that graduating from university does not guarantee a job automatically. I am also aware of the fact that the problems I consider major are minor ones in countries where hunger, war and death are commonplace. Finally, one's attitude towards problems can also change quickly. The occurrence of really essential problems like a serious accident or a life-threatening disease will make one think differently about the importance of your aims in life.

Leistungskurs Englisch (Thüringen): Abiturprüfung 2007
Aufgabe I

The Grim Neurology of Teenage Drinking

Teenagers have been drinking alcohol for centuries. For almost as long, concerned adults have tried to limit teenage alcohol consumption. Today, public health experts regularly warn that teenage drinkers run greatly increased risks of involvement in car accidents, fights and messy scenes in Cancún[1]. But what was once a social and moral debate may soon become a neurobiological one. The costs of early heavy drinking, experts say, appear to extend far beyond the time that drinking takes away from doing homework, dating, acquiring social skills, and the related tasks of growing up.

Mounting research suggests that alcohol causes more damage to the developing brains of teenagers than was previously thought, injuring them significantly more than it does adult brains. The findings, though preliminary, have demolished the assumption that people can drink heavily for years before causing themselves significant neurological injury. And the research even suggests that early heavy drinking may undermine the precise neurological capacities needed to protect oneself from alcoholism. The new findings may help explain why people who begin drinking at an early age face enormous risks of becoming alcoholics. According to the results of a national survey of 43,093 adults, published yesterday in Archives of Pediatrics & Adolescent Medicine, 47 percent of those who begin drinking alcohol before the age of 14 become alcohol dependent at some time in their lives, compared with 9 percent of those who wait at least until age 21. The correlation holds even when genetic risks for alcoholism are taken into account. [...]

Studies conducted over the last eight years by federally financed researchers in San Diego, for example, found that alcoholic teenagers performed poorly on tests of verbal and nonverbal memory, attention focusing and exercising spatial skills like those required to read a map or assemble a precut bookcase. "There is no doubt about it now: there are long-term cognitive consequences to excessive drinking of alcohol in adolescence," said Aaron White, an assistant research professor in the psychiatry department at Duke University and the co-author of a recent study of extreme drinking on college campuses. [...]

Dr. Swartzwelder, a neuropsychologist at Duke, said it was likely that in human teenagers, [...] neural mechanisms might explain alcohol "blackouts" – a lack of memory for events that occur during a night of heavy drinking without a loss of consciousness. Blackouts were once thought to be a symptom of advanced adult alcoholism, but researchers have recently discovered just how frequent they are among teenagers as well.

In a 2002 e-mail survey of 772 Duke undergraduates, Dr. White and Dr. Swartzwelder found that 51 percent of those who drank at all had had at least one blackout in their drinking lifetimes, they reported an average of three blackouts apiece. These averages barely suggest the frequency of blackouts among young adults at the extreme end of the drinking scale. Toren Volkmann, 26, is a graduate of the University of San Diego who, at 14, started drinking heavily almost every weekend and at 24 checked himself into a residential alcohol treatment program. "It was common for me to basically black out at least once or twice every weekend in late high school and definitely through college, and it wasn't a big deal to me," said Mr. Volkmann, a co-author, with his mother, Chris, of "From Binge to Blackout: A Mother and Son Struggle With Teen Drinking," to be published in August. "I wouldn't even worry about what happened, because I wouldn't know." Blackouts are usually mercifully brief, and once they are over, the capacity to form new memories return. [...]

"Clearly, something is changed in the brain by early alcohol exposure," Dr. Swartzwelder said in an interview. "It's a double-edged sword and both of the edges are bad. Teenagers can drink far more than adults before they get sleepy enough to stop, but along the way they're impairing their cognitive functions much more powerfully." Alcohol also appears to damage more severely the frontal areas of the adolescent brain, crucial for controlling impulses and thinking through consequences of intended actions – capacities many addicts and alcoholics of all ages lack. [...]

In 1998, Sandra Brown and Susan Tapert, clinical psychologists at the University of California, San Diego, and at the Veterans Affairs Medical Center there, found that 15-to-16-year-olds who said they had been drunk at least 100 times performed significantly more poorly than their matched nondrinking peers on tests of verbal and nonverbal memory.

The teenagers, who were sober during the testing, had been drunk an average of 750 times in the course of their young lives. "Heavy alcohol involvement during adolescence is associated with cognitive deficits that worsen as drinking continues into late adolescence and young adulthood," Dr. Tapert said. [...] While in college, Mr. Volkmann said, he thought he drank for the fun of it. His moment of truth came in the Peace Corps in Paraguay, when he began waking up with sweats and tremors. He discovered he could not control his drinking even when he wanted. The son of an anesthesiologist[2] and a former teacher in Olympia, Wash., Mr. Volkmann spent a month in a residential treatment program and six months in a halfway house[3]. He has since returned to San Diego. He said in an interview that he had no way of knowing exactly how drinking affected his overall brain function. But on one point, he is clear. "My memory is definitely better now," he said. "Every day now, I can count on the fact that when I think back to the night before, I know what happened."

By Katy Butler. From: The New York Times, July 4, 2006, Copyright © 2006 by New York Times Co. Reprinted with permission

Annotations:
1 Cancún: favourite holiday place for American youngsters in Mexico
2 anesthesiologist: *BE*: anaesthetist
3 halfway house: a place where former patients with mental illness, etc. can stay while preparing to return home

Tasksheet

A. Working with the text

Your class is dealing with the problem of binge drinking among teenagers. You have chosen the article "The Grim Neurology of Teenage Drinking".

Do the following tasks, using your own words as far as appropriate. 31 BE

State the main issue of the article.
Using the information given in the text and adding your own ideas, inform your classmates about the possible consequences of teenage drinking. Choose a suitable form.
Describe Mr Volkmann's way out of drinking.
Evaluate the usefulness of the article for your contribution. Refer to content and language.

B. Composition

Choose *one* of the following tasks. Write at least 400 words. 31 BE

1. Interpret the cartoon.
   Referring to the situation shown there, discuss the question of role models.

From: John Shakespeare www.johnshakespeare.com.au

2. *"A healthy mind in a healthy body" Juvenal (ca. 60–130 AD)*
   Develop a concept of a healthy way of living. Consider body <u>and</u> mind.

Lösungsvorschlag

A. Working with the text

Main issue of the article

The text revolves around teenage alcohol abuse and the latest consequences that have recently been discovered through new research. The main issue is the link between excessive alcohol consumption in young people and the subsequent long-term damage that is done to the brain, which has disproved the myth that alcohol only affects this organ after many years of heavy abuse.

Consequences of teenage drinking

Hinweise: Possible inclusions are:
- *greater risk of car accidents, fights and messy scenes on holiday (lines 4/5)*
- *affects homework, dating, acquiring social skills (lines 6/7)*
- *damages developing brains (line 8)*
- *possibly damages the defence mechanism against alcoholism (lines 12/13)*
- *young drinkers more likely to become alcoholics (lines 14/15)*
- *alcoholic teenagers perform badly (line 21)*
- *long-term cognitive damage (line 24)*
- *blackouts: loss of memory without loss of consciousness (lines 29/30)*
- *lack of cognitive function (line 49)*

Own ideas (an example):
- *definition of teenage drinking and learning to handle it*
- *socially unacceptable: alcohol abuse causes problems*
- *crime, police*
- *peer pressure*
- *addictive and image*
- *alcohol affects what you do*

The text deals with the issue of heavy teenage drinking and the effect this might have on the functioning of the brain not just in the short term but for the rest of our lives. I think at this early stage I would like to suggest that although what is mentioned in the article is undeniably true in many respects it does concern itself with excessive regular alcohol abuse and not occasional weekend fun. As many of us already know, we are at an age when we have to learn how to handle alcohol but we must also accept the consequences of our drinking if we do not act responsibly.

As the text points out, cars and alcohol do not mix and I think most of us would agree that one should never drink and drive. Fights and other incidents often occur as a result of alcohol abuse which are equally unwanted. In my opinion, being drunk is socially unacceptable and nothing to be proud of. It can also ruin friendships especially if it becomes a regular habit for someone. Who wants to be associated with a drunkard or know that you might end up in a fight because your friend drinks too much and becomes aggressive? And I am sure all the girls want to be able to enjoy an evening out at the disco, or wherever, and to get home safely again without having to be worried about the danger of meeting a drunken youth. Teenage drinking, therefore, does not just affect the people involved but those around them, too.

Alcohol abuse can lead to involvement in crime and confrontation with the authorities. There is always peer pressure to do certain things and often one of them is to drink. But the drunken macho is no image to admire.

The effects of heavy drinking at a young age can also result in poor performance at school or even missed lessons. The worrying thing that is mentioned in the text is the possibility that heavy drinking at a young age can do permanent damage to one's ability to perform

some basic functions. It can even destroy the brain's ability to protect itself against alcoholism. In severe cases of heavy drinking blackouts can occur which lead the person involved to have no recollection of events which had occurred previously even though they were conscious at the time. The question that is not answered in the text is: if there is no memory of what has happened, is there also no self-control during that period, either? Is someone capable of doing a serious offence during a blackout, for example?
Statistics illustrate that you are more likely to become an alcoholic if you start drinking at an early age. The negative effects of alcohol are overwhelming and, therefore, we should all be aware of this socially accepted drug which many abuse and then have to suffer the consequences of.

Mr Volkmann's way out of drinking

The key points are:
- *at 24, voluntarily checked into residential treatment programme (lines 38/39)*
- *(possibly) writing about events (lines 41–43)*
- *acceptance of his problem (lines 61–69)*
- *sweats and tremors and a realisation that his drinking was out of control (lines 62/63)*
- *one month in a residential treatment programme (lines 64/65)*
- *six months in a halfway house (line 65)*

Mr Volkmann drank excessively and did it for fun. The story of how he overcame his dependence on alcohol began in Paraguay when he was with the Peace Corps. His over-indulgence in alcohol finally caught up with him and he began waking up sweating and shaking. He suddenly realised that his drinking was out of control. Fortunately, he acknowledged this fact and checked into an institution that could help him, in other words he entered a programme of detoxification.
After completing the one-month treatment programme he went on to a halfway house which one presumes is designed to support the individual and help them back into daily life so that they do not regress and return to alcohol dependency.
One additional aspect that helped Mr Volkmann's way out of drinking was by writing about his experiences together with his mother. To do this Mr Volkmann had to accept what had happened and fully realise the consequences of it. This acceptance is a very important step in coming away from alcohol and has given Mr Volkmann a new-found self-respect.

Evaluation

Hinweise: Possible inclusions:
- *content: background information, facts, quotations, research results, statistics, informative text*
- *language: easy language although some terms need explaining*
- *usefulness: informative on new findings, difficult concept for young people to understand*
- *concerns: the reliability of the statistics, how the surveys were achieved, how results have been interpreted*

The article is an informative text regarding the findings of new research concerning the damage that the brain can receive through alcohol abuse at an early age. The normal effects of alcohol abuse – car accidents, violence and disorderly conduct – are well known but these new results show another side to the alcohol problem regarding young people.
The text is from a well-know source, the New York Times, which automatically gives it some credibility. The credibility is further enhanced by incorporating quotations from many professional people involved in this area, including the first-hand experience of a victim of alcohol abuse. The findings of the recent research and the statistics which are

revealed are put to the reader to illustrate that the danger of brain damage is a very real one.

The article is written in a fairly straightforward way requiring no special knowledge to follow it. It is, therefore, a useful text because it is not one that you have to struggle with to understand nor to imagine the situation. On the face of it, what is written is what is there. The only criticism that could be made regarding language is that perhaps a few terms could have been explained, for example "cognitive".

There are many myths surrounding alcohol and the effects of it but the value of the text is perhaps in the demolishing of assumptions that the new research brings about and, like any revelation, it makes disturbing reading.

Although the usefulness of the article has been mentioned, there are aspects of the research and the statistics which are misleading and would need clarifying before one hails the information as earth shattering. Statistics are used to add credibility to arguments but they can also be meaningless, as in the case of the survey concerning the 43,093 adults. The article explains that this survey showed that "47 percent of those who begin drinking alcohol before the age of 14 become alcohol dependent ...". This implies 47 % of the 43,093 figure, whereas it is only that percentage of those who began drinking before the age of 14, which could amount to a handful of people in countable heads. Real numbers, therefore, need to be mentioned.

Another occasion of hard to believe statistics concerns the number of 15- to 16-year-olds who said they had been drunk at least 100 times. This would amount to once a week, every week for two years. Secondly, this figure cannot be substantiated in any way other than by the proud boastfulness of early teenage mouths. Furthermore, the article continues that these teenagers who were tested had on average been drunk 750 times. This figure appears totally unrealistic because no one recalls the hundreds of times they were drunk and even if they were drunk every day of their young lives it would amount to two years continuous drunkenness. These figures appear to carry no merit and serve only to shock.

Finally, the reliability of basing research on the opinions of young people via e-mail where the information cannot be checked is questionable. Many young people are only too happy to exaggerate. These results, therefore, must be treated lightly.

B Composition

1. The cartoon depicts a father talking to his son. The father is lecturing his son about being too young to drink irresponsibly, which is the opposite of the accepted comment of people being old enough to be responsible. The father, who acts as the role model for his son, looks drunk as he is shown with eyes shut, holding a can of beer and with three other empty cans lying on the floor next to him.

   The function of the cartoon is to highlight the important role that adults play, especially parents, in how children grow up. If it is normal, as in the case of the cartoon, that parents regularly abuse alcohol, it can hardly be surprising, therefore, that this would not be emulated by their offspring.

   The role-model effect does not just concern alcohol, but many other aspects of everyday life as well. If violence is commonplace, then children are also often violent. If parents are arrogant, more often than not their children are arrogant, too. So the role model goes with being a parent and parents should accept this very important function. There are also many occasions of 'do as I say, not as I do', which is equally mystifying for teenagers. The most important thing for a parent to be a good role model is to be fair and honest. If at times that means owning up to one's own failings and experiences then perhaps more respect is gained from this than lost by denying that youth once existed for parents, too.

There are other role models in society, too. People in the public light, such as film stars or sports personalities, are also very important and must accept their influencing position as a result of their success and take it seriously. Role models can play a very valuable function in society, showing young people, for example, what they can aspire to if they are prepared to work hard and be committed. Sometimes, I believe, the best role models are those people who have managed to escape from poverty and disadvantaged environments and have become successful by their own self-doing. This demonstrates that everything is possible for anyone. The real role models for me, though, are those people who put something back into the community, for example the football star who works with youngsters from deprived areas to help them better themselves.
The most influential role models, however, remain parents. Parents are with you from the day you are born and if they set bad examples, then it is likely that their children will adopt them, too. *(427 words)*

2. The ingredients to achieve a healthy body are hardly unknown in today's society nor are they unavailable to most people. The essentials for the body are a good nutritional diet, preferably with as many fresh articles as possible and an emphasis on fruit and vegetables. Non-alcoholic beverages should also be preferred to those containing alcohol. Meals and meal times should be carefully considered, too, since eating late at night is far from healthy even if it were just a plate of vegetables. Old-fashioned methods should be readopted. Start with a substantial breakfast and gradually decrease the food intake over the course of the day.
However, it is not enough to simply limit or control the food that one eats. To retain a healthy body, today, one has to keep it fit. In today's society that has become increasingly difficult since much of people's working days involve sitting at computers and driving. Where possible, daily exercise is a must. Walk instead of drive, take the stairs instead of the lift, set aside thirty minutes for something active every day. The activity of your choice must be enjoyable, otherwise you will not sustain it, and it should become a timetabled part of the day and not something that is forgotten about because of another appointment.
The mind is not that much different from the body. If you sit in front of a television screen all day munching chocolate, you expect your body to show you the consequences. If you sit in front of a mindless computer game all day, the effects are the same. Reading is not for everyone, but most people have some interests which they can foster in an intellectual way. If you are a football fan, then you can read about football. Some people may enjoy crosswords and puzzles and others lively discussions and the arts.
To maintain the healthy mind, I would advocate putting the television away for a few nights every week and doing something else. That 'something else' could be anything that you find mentally stimulating. The most important thing is that you are using your own thoughts in an active way and not simply being a passive empty receptacle.
To sum up, my concept of a healthy way of living is to eat sensibly with as much fresh produce as possible and take daily exercise avoiding all the traps of conveniences such as cars and lifts, wherever and whenever possible. Secondly, ban the television or other forms of electronic entertainment from the house for at least two days in the week and take up some active stimulus for the mind, such as reading, visiting an art gallery or a museum, or going to the theatre. *(450 words)*

Three Resolutions to One Kashmiri Encounter (Extract)

That morning I took a day tour in what was described in the brochure as a luxury coach from Srinagar – 'the russet-coloured, autumnal-smelling capital of Kashmir in the heady north of India' – to Gulmarg, 'the meadow of flowers', fifty-one kilometres away and 2,590 metres up in the Himalayas. [...]

We stopped for a ten-minute break at Tangmarg, a mountain village and another beauty spot five and a half kilometres from the higher Gulmarg. I suspect the coach and its driver required a breather before undertaking the final ascent, the road from Tangmarg being narrow, circuitous and hazardous. [...]
I didn't, at Tangmarg, avail myself of a cup of tea or coffee, as passengers were invited to do and most of the Indian families and couples did, preferring to wander up and down the single street of the village, looking at the bazaar and what through their open fronts the shops and stalls had to offer and observe the mountain people. They were slim and wiry, taller and less stocky than the Nepalese, their faces without any spare flesh, tough, sun-beaten, snow-beaten: the countenance of a mountain people in the heart of Asia, further north than Tibet. They looked more Oriental than Indian. Visitors – five or six other coaches were parked in front of the Tourist Reception building in the middle of the village – mingled with the villagers. There was a whirl of activity. It was suddenly as if Tangmarg were a melting pot, the centre of the world. A stage had been animated.

A middle-aged man, with some distinction in his features and a dignified manner, was standing beside me, speaking to me. They tread so softly, so used are they to the terrain and the mountains, that you don't hear them approach. In good English – not at all with an Indian accent – he asked if I wouldn't prefer to leave the coach here and rejoin it on its return journey in the late afternoon, and he would guide me up the mountains, or wherever in the area I would like to go. I thanked him for his offer but declined.

'Only for six miles,' he said, and I was quietly pleased that he'd implied as great mileage as that as being a short trek. He must have assumed I was more fit than I felt. The air up here made me tire easily and frequently search for breath. Again I declined, shaking my head.

'Let me come with you anyway,' he said, all the while absolutely and without difficulty managing to retain his character, individuality, dignity. [...] There was, in this man, no element of grovelling, hardly even of importuning. He was his own master. His proposal was made entirely for my good. If I turned him down I was the loser.

'No, I prefer to go on my own,' I said. 'I'm sorry.' He seemed to accept my decision but showed no sign of being about to walk away, to solicit some other travellers. He began to tell me the names and heights of the local mountains, pointing them out to me, taking his time both as if to ensure I would manage to retain the information in my head and to prolong our encounter for its own sake.

[...] I said nothing, just looked. Still he stood by me, though it was as if I stood by him, as if I had sought him out and insisted on being with him. Somehow I felt it impossible – too discourteous to a fellow human being – to walk away from him. Besides, he might have followed me, though I didn't believe he would have done. And where could I have gone? Only up and down the village street, the street that was his village, his home. In my mind I urged the coach driver to sound his horn to indicate that we should all return to the vehicle, that it was about to move off and on to Gulmarg.

In a still, quiet voice – as if he was confiding in me – he began to talk again. 'Last year my wife died and I was left to bring up our three children. For six months one of them was in hospital, with a badly injured leg.' He paused, before going on. 'There is hardly any work here, in Tangmarg.'

I felt unable to say anything; or, rather, anything I might have said could only sound gratuitous, insensitive. He then said, so I understood it, that one rice meal a day for four people – and children had big appetites – cost one rupee, which I'd have thought a little on the high side (a few pence) but hardly began to invalidate the point he was making. No work, no money, no food.

The horn of the coach went and I excused myself from him, saying that I hoped things got better for him, and quickly. I looked him in the eyes and nodded solemnly, as if to make it plain – in spite of having failed to provide him with employment and a rupee or two – that I wished him well. As if he could care. Somehow he managed neither to accept nor acknowledge my farewell, my intended affirmation of good will in the face of the facts, nor to reject it. He allowed me to go.

Inside myself, I had panicked – for the sake of a coin or two – and felt disgusted. I was filled with a fluttering self-loathing. As the coach moved away, I watched him walking slowly down the street, his body built for survival, his head lowered a little in the direction of the ground. [...]

By Giles Gordon. From: British short stories of today, Penguin Books, London, 1987

Tasksheet

A. Working with the text

Your class is dealing with modern short stories. You have chosen an extract from "Three Resolutions to One Kashmiri Encounter" by Giles Gordon as your contribution.

Do the following tasks, using your own words as far as appropriate. 31 BE
Describe the setting of the story. Focus on the village and its people.
Characterise the middle-aged man.
Show the narrator's reactions, thoughts and feelings.
Analyse how the author tries to evoke emotions in the reader. Refer to content and some means of language.

B. Composition

Choose *one* of the following tasks. Write at least 400 words. 31 BE

1. *"Six hours later the coach returned. I'd prayed that it wouldn't halt in Tangmarg, but it did [...]. During the day [...], I found that my encounter with the man at Tangmarg kept coming back to me, nagged and fretted at the edges of my mind."*
   Continue the story. Keep to the narrative point of view.
2. *Ducking responsibility is fatal in a democracy.*
   Comment on this statement.

Lösungsvorschlag

A. Working with the text

Setting of the story

Hinweis: Possible inclusions are:
Village:
- *in Kashmir, northern India (lines 2/3)*
- *about 45 kilometres from the capital and high (lines 3–6)*
- *mountain village in Himalayas (lines 4–6)*
- *single street, therefore a small village (line 11)*
- *has a bazaar (line 11)*
- *in the heart of Asia (line 14)*
- *further north than Tibet (line 15)*
- *many coaches; Tourist Reception building, therefore a popular village (lines 15–17)*
- *affected by tourism (lines 15–18)*

People:
- *mountain people (line 12)*
- *slim, wiry, taller and less stocky than Nepalese (lines 12/13)*
- *faces reflect environment (line 14); countenance of mountain people (line 14)*
- *more Oriental than Indian (line 15)*
- *(possibly) rely on tourism (line 15–18)*

The story is set in a small mountain village some forty-five miles away from the capital of Kashmir in northern India. The village is situated in the Himalayas and consists of a single street with a bazaar. It is more northern than Tibet and is, therefore, in central Asia. This is evident from the local inhabitants, too, who appear more Oriental than Indian. The people reflect their environment in other ways as well. Their faces are weather-beaten and contain that special look of mountain folk, a look brought on by hardship and outdoor life. They are taller than their Nepalese neighbours and more leanly built.
Tourism appears to play an important role for the village and its people. The village has its own reception building for them and it is a stopping place for many coaches. This probably means that the villagers are reliant upon the visitors for their living, or at least to supplement it. Tourism will also have an effect on the area, for example by enabling the bazaar to remain and providing an income for people in an area with undoubtedly little work.

Characterisation of the middle-aged man

Hinweis: Possible inclusions are:
- *distinctly featured and dignified (line 19)*
- *good English without an Indian accent (lines 21/22)*
- *is practiced at offering himself as a guide (lines 19–37)*
- *persistent without losing face or grovelling (lines 25–31)*
- *has the aura of being his own master (line 31)*
- *an inhabitant (line 42)*
- *quietly spoken (line 45)*
- *quietly introduces his hardship story: is widowed and has three children (line 46); one child has been ill (lines 46/47); lack of work (lines 47/48); meagre food rations (lines 50/51)*
- *lacks reaction (lines 57–59)*
- *body built to survive (line 62), slightly dejected (line 62/63)*

The man is an inhabitant of the mountain village and, therefore, belongs to a community that regularly endures hardship. He appears to have a dignified stature with strong, noticeable features. He has a good command of English and speaks it without the characteristics of an Indian. He is used to approaching strangers and offering his services as a guide, which he has developed into an art whereby the visitor does not feel put upon. He is a very persistent person, not easily discouraged but at the same time he does not resolve to humbling himself, neither does he beg. He retains his pride at all times in his quietly spoken way.
However, once it is clear that his target is not going to employ him he changes his tactics and begins to give his hardship story in an attempt to gain sympathy and money. He is widowed and has to bring up his three children alone, one of whom has been ill for a long time. Work is scarce and he implies that he is dependent on tourists for his income. He also suggests that this income need not be high, since only a few rupees would buy enough rice for their meagre meals.
This turnabout of events from offering himself as a guide to applying subtle pressure is clearly well rehearsed. As his services are rejected and the narrator frees himself from the man, the man displays no emotion and accepts it but shows evidence of dejection through his body language as he walks away.

The narrator's reactions, thoughts and feelings

Hinweis: Possible inclusions are:
- *wants to be alone, therefore feels the man is intrusive (lines 10–12)*
- *the village as an animated stage for tourists (line 18)*
- *surprised at how the villager is (lines 19–24)*
- *narrator is polite but declines the man's offer (line 24)*
- *respects the man and how he does things (lines 29–32)*
- *realises there is no escape from the situation (lines 39–42)*
- *would like an excuse to leave (lines 43/44)*
- *pleased that the villager thinks he looks fit (lines 25/26)*
- *feels that he is the loser (line 32)*
- *feels it is discourteous to simply walk away (line 40); but also thinks the man might just follow anyway (lines 40/41)*
- *does not want to sound or appear insensitive (lines 49/50)*
- *tries to ignore the villager (lines 24–59)*
- *panics disgusted with himself and is self-loathing (lines 60/61)*

How the narrator reacts to the man's initial contact is partly explained from events earlier in the text. The narrator clearly wishes to be alone in the mountain village having already declined the invitations to take tea or coffee in contrast to his fellow travellers. To some extent he gives the impression that he wants to be on the outside observing people and his surroundings. He notices, for example, how the village comes to life with the tourists. When he is approached by the villager, he feels that the man is intruding upon his peace and, therefore, politely declines the man's offer. Nonetheless, he cannot help but notice the villager's mannerisms and is surprised at how dignified the middle-aged man appears to be.
The narrator, to some extent, respects the man for how he is even though his contact is not welcomed. The narrator sees no point in moving on to avoid the man, so he is content to allow him to stay and talk. Although he would dearly love an excuse to leave and return to the bus, he is surprised at how natural the whole situation feels and that somehow he is the intruder in the villager's world. He is, however, flattered that the villager takes him to be fit.

By declining the man's offer to act as a guide he feels that he is the person losing out and not the villager who has failed to clinch trade. He also has a feeling that to walk away from the situation would be discourteous in some way.
He listens to the man's hardship tale of life, knowing full well what it is about and choosing to ignore it. It is not until the narrator returns to the coach that he understands what he has done. He has taken the natural course of ignoring someone's attempt at getting money off a tourist but at the same time he has denied a fellow human being help. In spite of knowing that the only income this man has comes from tourism, the narrator declines even to part with a tiny amount of money. This leads him to despise what he has done and himself for doing it.

Analysis

Hinweis: Possible inclusions are:
– descriptiveness through vocabulary and stylistic devices
– variation of sentence length, especially impact of short sentences
– first person narrator: get to know thoughts and feelings better
– gives the guide an importance
– provides self-analysis
– exposes his inner feelings
– shares reactions

The text is very descriptive in parts, which creates images for the reader to latch on to. Many of these descriptions include applying the stylistic device of accumulation. Although, presumably, quoting from a guidebook the opening paragraph contains this element when the narrator writes of Kashmir's capital as "russet-coloured, autumnal smelling" and the destination as being "the meadow of flowers". But it also occurs in many other parts of the text, for example when describing the road after the village in a steady climactic way as being "narrow, circuitous and hazardous".
The variation of sentence length also creates emotions in the reader. The descriptive parts almost drift along without a break building up an atmosphere or creating memorable images, for example when he begins to describe the people of the village from line 12 to line 15. These longer sentences are frequently interrupted by much shorter ones to focus the reader's attention on a point. For example when trying to describe the effects of the arrival of the tourists, he reduces the length of the previous sentence and then finishes with one that contains just five words: "A stage had been animated." This sentence also involves an element of comparison and is used metaphorically.
The author provides the reader with a first-person narrator so that he can get to know the thoughts and feelings of the protagonist. In this way, the reader is brought much closer to events and is allowed a deeper insight into how the main character acts. The narrator, in this extract, also provides the reader with his deep observation of the middle-aged man and, therefore, he can understand the developments better and follow them as they unfold. The narrator exposes his inner feelings and provides a certain amount of self-analysis especially towards the end of the text where he feels that he has acted badly and deeply regrets it. This sharing of reactions is an additional way of evoking the emotions of the reader, especially when the reader has probably felt that the narrator has behaved incorrectly. But in a way, by that time, the reader has become part of the events and the narrator's expression of remorse is almost a form of apology. The reader is treated to human emotions and is given a situation to cope with that many recognise from their own holiday experiences including the automatic defensive wall that occurs, and is then made to cope with the guilt that perhaps the narrator could or should have acted differently.

B Composition

1. The day in the 'meadow of flowers' has turned into a day in the depths of shame. I have been envisaging days, weeks and even months of self-reprisal: 'Why did you do it? Why did you deny someone and his family a bowl of rice?' These are questions which are going to haunt me; ghosts that I do not want to carry on my shoulders. Already they have destroyed my day of peace and tranquillity. I've discovered my blindness to the needs of others. Am I so self-centred that I'm only prepared to take and not give back? What right did I have to come to this beautiful place, to look at these villages and their people as if they were little more than lifeless cameos and then to put that selfish memory into a mental compartment labelled 'been there', returning to my pampered existence of having food on my table every night without any further thoughts? My trip alone would have paid for that man's food and his family's for the whole year. I could have helped, but didn't.
   The weight bore heavily down on my shoulders and I slowly shrank in my seat the slower the bus went, edging towards the Tourist Reception building again. By the time it stopped, I could no longer look out of the window. My fellow passengers were already alighting from the bus and taking up the invitations once more.
   I needed to escape my shame. I struggled with my self-loathing as I made my way down the aisle of the bus. I knew I didn't have to get off at all, I could just stay in my seat like a cowering animal and being scared of my own conscience. I got off the bus. Declining the invitations of coffee and tea, I went in search of my invisible tormentor. The village street had become the animated stage again as I moved away from the bustle and sought what I needed to find.
   "Did you enjoy Gulmarg?" a softly spoken dignified voice enquired. My heart leapt and I wanted to hug the man who had spoken those words. But I didn't turn to face him. The game had to be played out. "It was nice", I replied. "You said those mountains were high," nodding in the rough direction of the south.
   And so we passed a few minutes, and a few more until the horn of the bus signalled it was time to go. The man turned away to leave but I stopped him and thanked him for what he had given me and dropped a handful of coins into a torn jacket pocket. "A guide is not always a guide of mountains and streams", I said to him, "but sometimes for life too." I believe he understood what I meant. His name didn't matter.
   (472 words)

2. Over the course of hundreds of years many people have fought and died for democracies and the right to vote. By making these sacrifices these people have ensured that the society in which we live today is how it is and not some dictatorial state. Governments do not always take the necessary actions that sometimes we would like to see them take and it is very easy to be critical of them too. However, governments are brought about by voters and if you are not prepared to vote, then you are ducking your responsibilities. I feel by not voting you throw away your right to criticise and complain. One of the problems about this type of opting out is that it leaves the doors wide open for people to abuse power and who do not represent the wishes of the majority.
   Although most people living in a democracy simply accept it without thinking, they should really accept the responsibilities which this involves, too, even on a local level. Everyone must be prepared to contribute to their own environment and community. If someone is prepared to coach a sport team, for example, people are grateful, but when that person can no longer run the team often volunteers to take over are noticeable in their absence. Thus the team can no longer play. This is also ducking responsibility in a democratic society: people unwilling to help others or contribute something to their

immediate environment, preferring to see something stop happening rather than being bothered to maintain it.
Leaving other people to do things has consequences and in a democracy that means that the fundamentals of democracy itself are slowly eroded. Suddenly, elected tyrants appear, personal interests are indulged in and a large body of disgruntled people mutter in front of their television sets blaming everyone except themselves for what has occurred.
If everyone wants to live in a well-balanced society, then everyone must accept that they have a role to play in it, however small or large. Returning once again to the voters, many people throw criticism at politicians but when there are elections, the voting turnout is so low it is often embarrassing. The easy answer to explain this is that people often think their vote does not matter or they just cannot be bothered and leave it up to someone else. So their democratic society becomes taken over by extremists who are prepared to vote for themselves. This can be the result of ducking one's responsibilities – and on a lower level, the football team stops, there are no school discos, and the swimming pool closes just because people are not prepared to take on their responsibility to act and be constructive, preferring 'others' to do it.

(455 words)

Leistungskurs Englisch (Thüringen): Abiturprüfung 2008
Teil A – Hörverstehen

- *Welcome to part A of your examination: listening comprehension.*
- *Please read the worksheets carefully. You have four minutes.*
- *Now you will hear the text for the first time. You may take notes and/or do the tasks.*

(text: see below)

- *Now do the tasks on your worksheet. You have seven minutes. Then you will hear the text for the second time.*
- *Now you will hear the text for the second time.*

(text: see below)

- *Now complete the tasks on your worksheets. You have seven minutes.*
- *Time is over. Please stop writing and hand in your papers.*

Worksheet

1. Complete the table with six facts from the text. 6

Little people of Cornwall	*Giants*
•	•
•	•
•	•

2. Complete the sentences. Tick the correct option. (✓)
There is only one solution. 2
a) The King Arthur Stone …

☐ *can be found in Camelot.*
☐ *marks the grave of King Arthur.*
☐ *is a large stony hill in Cornwall.*
☐ *marks the site of Arthur's last fight.*

b) When is King Arthur supposed to have lived?

☐ *in the 6th century*
☐ *in the 7th century*
☐ *in the 10th century*
☐ *in the 11th century*

3. Answer the questions in a maximum of five words. 3
a) Why has Cornwall a special claim on King Arthur?

____

b) Who took the Arthurian stories to Brittany?

____

c) What did the Breton knights get for helping William?

____

4. Fill the gap with the words from the broadcast. 3

a) People moving to other countries take their stories and connect them to new ________________.

b) Camelot is not a real place but more an _________ of the Middle Ages.

c) Cadbury Castle stood on the _______ between the Celts and the Saxons.

5. Choose the most suitable title for the text. Tick the correct option. (✓) There is only one solution.

☐ *In the Land of Giants*
☐ *Myths and Legends of Cornwall*
☐ *King Arthur and his Knights of the Round Table* 1

Lösungsvorschlag

Hinweis: Beachten Sie auch die ausführlichen Hinweise zum Hörverstehen und den typischen Aufgabenformen im Kapitel „Hinweise und Tipps"

Transcript: The Myths and Legends of Cornwall

INTRO: You are going to listen to a part of a radio programme. Today our correspondent is meeting Harry Glason and Joe Parsons in Cornwall.

INTERVIEWER: So perhaps many of the legends in Cornwall are related to events that happened in Cornish pre-history, actual real events that happened.

HARRY GLASON: I'm pretty certain that most legends are, you know, that they've been handed down from person to person, probably for thousands of years. We have lots of legends here of giants, for instance, and piskies. Nearly every hill has a giant on it and all the little people lived down in the valleys. Now, we know that from excavations that the people who lived here were quite slight. They were probably averaging 5 feet in height and very slim, fine-boned people. But every now and then they've excavated much bigger people and they were usually upon the hills. And they were probably Vikings or Norsemen that raided around the coast, fought their way to the top of the hill, because it's the easiest place to defend yourself from. And to the little people down in the valley, these people upon the hills were giants. They were big people and with the telling of the stories those people got bigger.

INTERVIEWER: The most famous and lasting of the Cornish legends are those of King Arthur. I joined Joe Parsons of the Arthurian Centre on the banks of the River Camel.

JOE PARSONS: The King Arthur Stone here at Slaughterbridge is a 6th-century monument to a Celtic leader and the names on the stone are Latin names, which many of the British, early British people took after the Romans had left England.

INTERVIEWER: And it's believed to possibly be where King Arthur had his last battle?

JOE PARSONS: The site is mentioned by Geoffrey of Monmouth, who was the first to really write down the stories of King Arthur and this is the site where King Arthur was meant to have met Mordred for the final battle. Mordred was killed and Arthur was taken off to Avalon.

INTERVIEWER: We think of Arthur as being a medieval king and think of shining armour and such, but that's not the case.

JOE PARSONS: No, the medieval romances took the legends of King Arthur from the earlier years and then dressed them up in their own time, as many stories do now. So King Arthur became the chivalrous knight with his shining armour when, in fact, he was a 6th-century Celtic leader.

INTERVIEWER: And he was leading battles against who?

JOE PARSONS: Mainly in the stories against the Saxons who were pushing in from what is now Germany and Belgian area. They were pushing in from the east. And somebody in the southwest, we know, did keep them back. So the stories grew up about the leader of men, who was presumably Arthur.

INTERVIEWER: Many areas of Britain claim Arthur for themselves, but Cornwall has a special claim.

JOE PARSONS: Cornwall is where the first stories put King Arthur. This is his homeland. He did travel around the whole of Britain fighting battles against various people trying to invade Britain. But this is the homeland and the early stories put everything down here: the birth and the final battle. And it's interesting that those stories were then taken to Brittany in the 7th and 8th century. As the Saxons finally did push into the southwest, many Cornish families moved to Brittany. And Brittany means Little Britain, Western Brittany is Cornouaille, which is Cornwall. And the Breton language is much the same as the Cornish language.

INTERVIEWER: So the Cornish refugees, I suppose, took their Arthurian legends to Brittany.

JOE PARSONS: They did and one theory, again, is that the Breton knights (which were of Cornish families) came back in 1066. So, in fact, the invasion of Britain in 1066 was the Bretons helping the Normans to retake Britain from the Saxons.

INTERVIEWER: More a liberation than invasion?

JOE PARSONS: That's the theory and, I think, it's got a lot of weight to it. And also the knights were given lands all over Britain when they'd helped William and it could be that the stories travelled around the whole of Britain then as well.

INTERVIEWER: Perhaps a bit of propaganda?

JOE PARSONS: Possibly, but, you know, if people move to different parts of the country or the world they tend to take their stories and then landmarks become part of the story as well. So you find King Arthur all over Britain.

INTERVIEWER: Where would Camelot be then?

JOE PARSONS: Camelot is a bit more of a medieval invention again. Arthur would have had strongholds all over the place. One of which is Cadbury Castle in the south of England and that would have been one of the frontier towns against the Saxons. So it could be there. It could be Tintagel Castle here in Cornwall.

INTERVIEWER: And no Round Table? Presumably, that's a complete fiction?

JOE PARSONS: I think, the idea of knights standing in a circle, discussing tactics, you know, people do that. People do sit in a circle and discuss things around a fire, maybe, so the idea of a Round Table is perfectly reasonable. Maybe, not on the scale that some of the stories talk about.

INTERVIEWER: The myths and legends of Cornwall make beautiful stories, yet many are based on fact. They are a breathing archaeology, a living link to our most ancient past.

By Roving Ear. From: Cornwall – A fresh look from the people who know Cornwall best, 2005. http:www.rovingear.co.uk/cornwall.cfm

1.

Little people of Cornwall	*Giants*
• lived in valleys	• lived on hills
• average 5 feet	• bigger people
• slight, very slim and fine-boned	• probably Vikings or Norsemen

2. a) The King Arthur Stone …

   ☐ *can be found in Camelot.*
   ☐ *marks the grave of King Arthur.*
   ☐ *is a large stony hill in Cornwall.*
   ☑ *marks the site of Arthur's last fight.*

   b) When is King Arthur supposed to have lived?

   ☑ *in the 6th century*
   ☐ *in the 7th century*
   ☐ *in the 10th century*
   ☐ *in the 11th century*

3. a) Why has Cornwall a special claim on King Arthur?

   first stories of him here / homeland: born and died here

   b) Who took the Arthurian stories to Brittany?

   Cornish refugees

   c) What did the Breton knights get for helping William?

   land all over Britain

4. a) People moving to other countries take their stories and connect them to new landmarks.
   b) Camelot is not a real place but more an invention of the Middle Ages.
   c) Cadbury Castle stood on the frontier between the Celts and the Saxons.

5. Choose the most suitable title for the text.

   ☐ *In the Land of Giants*
   ☑ *Myths and Legends of Cornwall*
   ☐ *King Arthur and his Knights of the Round Table*

Text 1

Planning power pushes button to start the next nuclear era

A nuclear future for Britain or a green one?

One of the last barriers to the construction of a new generation of nuclear power stations will be swept away in a fundamental reform of the planning system announced yesterday in the Government's energy review.

People living near proposed nuclear plants and wind farms will lose the right to question their necessity or general safety, as planning inquiries are limited to local issues for projects of national importance, Alistair Darling, Trade and Industry Secretary, said.

Most household windmills and solar panels will become exempt from planning permission as part of a strategy to encourage "microgeneration"[1] of renewable electricity close to home.

The package of measures will reduce Britain's carbon emissions by between 19 million and 25 million tonnes by 2020, a cut between 13 and 17 per cent on current projections. This will bring the country more than a third of the way towards the Government's goal of cutting 1990 emissions by 60 per cent by 2050.

The decision to back a new generation of nuclear reactors infuriated environmental groups. Tony Juniper, of Friends of the Earth, said: "This is a huge mistake. Nuclear power is unsafe, uneconomic and unnecessary."

Others, however, welcomed the backing for nuclear as the only sensible option. Professor Robin Grimes, of Imperial College London, said: "New nuclear plants is the only viable way of generating the capacity to deliver a reduction in carbon emissions."

While the review increases support for renewable energy and efficiency savings, the document is clear that these measures cannot in themselves fill the "energy gap" and provide Britain with the low-carbon, secure electricity supply that it needs.

As 25 gigawatts of coal-fired and nuclear capacity is due to be lost by 2020 – 30 per cent of the current total – some of this will have to be replaced by new atomic plants to prevent the country becoming over-reliant[2] on imported natural gas, Mr Darling said.

New nuclear reactors would have to be funded entirely by the private sector, without government subsidies, and the review does not state how many plants or of what sort should be built. For both the renewable energy and nuclear goals to be achieved, however, the planning system needs an urgent overhaul to stop urgently needed plants and wind farms being held up for years, Mr Darling said. […]

Mr Darling said that nuclear plants "could make a contribution to reducing carbon emissions and reducing our reliance on imported energy," but the Government took no view on how many should be built.

Without nuclear power, Britain will be dependent on natural gas for 55 per cent of its energy needs by 2020, compared with 40 per cent at present. As North Sea stocks are being exhausted, up to 90 per cent of this would have to be imported, much of it from potentially unstable countries. […]

By Lewis Smith and Mark Henderson. From: The Times, 12 July 2006.

Annotations:

1 microgeneration: the process by which a person, group or organization produces heat or energy for own use
2 over-reliant on: very dependent on

Text 2

Televisions on 'wasteful' standby will be outlawed

The Government is to outlaw standby switches on televisions and video and DVD players to slash the amount of electricity wasted in the home.
Refrigerators, washing machines and dishwashers will have to become energy-efficient, and lightbulbs that burn too much energy will be phased out.
According to yesterday's energy review, standby facilities use 8 per cent of all domestic electricity.
Lighting, set-top boxes[1], televisions, chargers, fridges, freezers, washing machines and computers were highlighted as wasteful products that must be redesigned to save power.
New homes, which are already four times more energy-efficient than the average household, are [nevertheless] to face stringent regulations.
Businesses will have to phase out or drastically reduce the energy used by computers, printers and photocopiers left on standby.
By cutting wastage and making equipment more efficient, ministers hope to win a significant reduction in Britain's energy requirements.
Energy efficiency is one of the main planks[2] of the Government's energy review, which is intended to lay out how Britain receives and uses its power for the next 20 years. Ministers want to shift energy production away from traditional fossil fuel sources to improve security of supply. [...]
Power companies will be expected to play their part. They will be offered incentives to reduce electricity supplied to each home by encouraging customers to put in insulation or install solar panels. Eventually power firms could switch from charging per unit used to being paid by how little energy they supply.
The energy review hardens the Government's commitment to ensuring renewable sources provide 20 per cent of the nation's energy by 2020. At present they supply 4 per cent. Offshore wind farms and renewable technologies such as wave energy are to be offered more financial incentives.
The money is being transferred from incentives offered to onshore wind farms, which are now deemed to be at or close to the point of financial self-sufficiency. [...]
The Government is anxious to strengthen the European Emissions Trading Scheme (ETS) by expanding it to include businesses such as banks and supermarket chains.
Such a move would see many more business sectors face carbon emissions being capped.
Roads and aviation will also be brought into the ETS if the Government can persuade its European partners to include them. This would leave motorists and air passengers facing higher travel costs. If roads are brought within ETS, the Government could bring in motorway tolls, higher road tax or pay-as-you-drive schemes.

By Lewis Smith and Mark Henderson. From: The Times, 12 July 2006.

Annotations:

1 set-top box: a piece of electronic equipment which is used for operating cable television
2 main plank: an important aspect of something, on which it is based

Energy consumption in the UK, 1990 and 2001

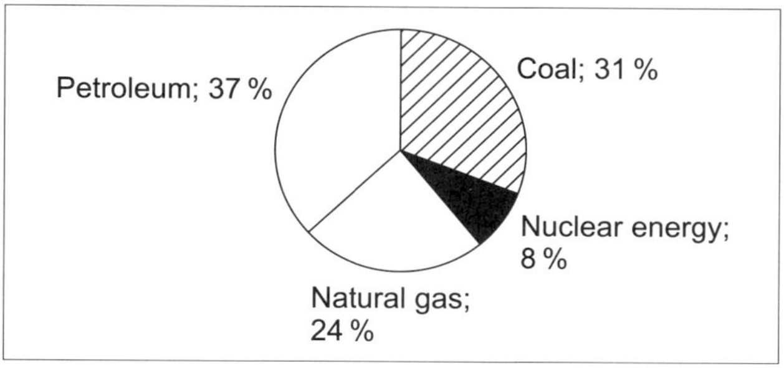

Energy consumption in the UK in 1990

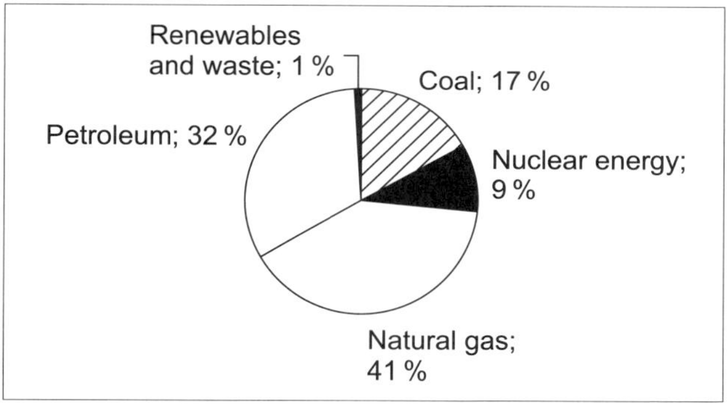

Energy consumption in the UK in 2001

Source: Energy Consumption in the UK, p. 9,
Department of Trade and Industry, 2003.

Tasksheet: Working with the text

Do the tasks, using your own words as far as appropriate. 40 BE
Make a keyword handout showing the targets and measures proposed by the British Government in its energy review.
On the basis of the statistics given in the texts and in the additional diagrams, explain the development of energy consumption in the UK from 1990 until 2020.
Describe the way in which the authors report on this news item, including elements of content and language.

"If we were to address global warming, both nuclear and renewable technology are required, and, what is more, they need to work together."

Professor Robin Grimes, Imperial College London. From: The Times,
12 July 2006

Comment on this statement. Write at least 300 words and count your words.

Lösungsvorschlag

Working with the text

Handout: Energy review of the British Government (targets and measures)

Aims:

- Use renewable energy – Targets and measures:
  - encourage home-generated electricity – solar and wind
  - planning restrictions review for wind farms and nuclear plants
  - want renewable energy to account for 20 % of total energy by 2020, currently only 4 %
  - government money to help offshore wind farms and other renewable technology like wave energy, redirected from the successful onshore wind-farm programmes
- Build new atomic plants – Targets and measures:
  - due to 30 % loss of old producers and stop dependency on foreign gas
  - for country's security – make energy production GB based as far as possible
- Energy efficiency – Targets and measures:
  - make standby switches illegal
  - household appliances to become more efficient and use less electricity
  - new generation of energy saving light bulbs introduced
  - new laws applied to new homes
  - businesses to conform to standby regulations
  - reduce wastage and increase efficiency
  - power companies paid to persuade consumers to reduce amount supplied
- Reducing CO_2 emissions – Targets and measures:
  - by 2020 reduced by 19–25 million tonnes – 13 %–17 % improvement on projection
  - target: 1990 level cut back by 60 % by 2050
  - European Emissions Trading Scheme to be strengthened – limiting CO_2 outputs from businesses; road and air travel is wanted to be included

The development of energy consumption in the UK (1990–2020)

Hinweis: Text statistics include:

- *wish to reduce CO_2 emissions by 19 to 25 million tonnes by 2020, a cut between 13 % and 17 % on current projections – lead to one-third of the way to Government's goal of reducing 1990 emissions by 60 % by 2050 = reducing current consumption of harmful energy*
- *by 2020, 30 % of current total produced by coal-fired energy sources and some nuclear power will be lost*
- *gas use increased: dependency on other countries if not replaced by something else British*
- *Government wants renewable sources to account for 20 % of energy by 2020 – currently only 4 %*

In 1990 there were three major areas of energy consumption, in descending order these were petroleum, coal and natural gas. A very minimum contribution, 8 %, came from nuclear power. Over the eleven-year period to 2001 some drastic changes in energy consumption patterns can be seen. The figures in 2001 showed that although the three main areas of consumption in 1991 had remained the most popular, there were significant changes when comparing their percentages.

The UK in 2001 was using 17 % more gas than it had done eleven years before, which meant that the use of gas had almost doubled in real terms, whilst petroleum had declined minimally by 5 %. However, the reliance upon coal had dramatically fallen, almost halving, from 31 % to 17 %. During this period, though, there had only been a marginal increase in nuclear power dependency and alternative fuels had barely registered on the statistics at all.

It was clear in the Department of Trade and Industry's statistics that dependency on gas was not only significant, it had risen immensely.
The Times statistics for renewable energy being used in the UK five years after the 2001 figures show that this type of energy has seen a small growth and now accounts for 4 % of energy consumption. The Government's wish is to increase this to 20 % by 2020.
2020 would see a great reduction in energy from coal being used together with older nuclear energy sources. If the Government wants the country to be self-sufficient in energy it needs to replace these failing sectors of the industry with new nuclear energy plants.
One of the fears of the Government is that the consumption of gas is escalating rapidly and to meet the demand, more and more gas needs to be imported leaving the country exposed to uncontrollable disruption and possible blackmail.

The way the authors report on the news item

Hinweis: Possible inclusions:

- *origin of texts: probably one article subdivided (both were published in the same issue of The Times by the same authors)*

Both texts:

- *no bias, offer no comment or opinions*
- *deal with a complicated and controversial issue presented in a clear way*
- *formal language exists but of a middle level: not too hard, not too easy*
- *vocabulary is not demanding*
- *educated reader targeted who is interested in the subject, especially the government's new proposals and what they mean*

Text I:

- *extract includes a standard structure of an introduction, a middle part and a summary (or conclusion)*
- *content focuses on the facts providing a general picture*
- *outlines the proposals by the Government*
- *statistics and quotations are used for credibility and to relate concrete facts which come from sound sources*

Text II:

- *structure differs but there is editing*
- *focuses on the facts in more detail and what they mean in real terms*
- *no traditional structure*
- *points given aggressively – almost spat out at the reader*
- *single-sentenced paragraphs which focus the reader's attention and summarize information*
- *less friendly article*
- *inclusion of one two-sided opinion concerning nuclear power*
- *no quotations and only one inclusion of statistics.*

The texts would appear to be extracts from a far longer article which has been subdivided into content areas. They differ slightly in that Text I, the one concerning energy use, is primarily concerned with giving a general picture of the situation in the UK and the proposals by the Government in its energy review. The second text relates in stronger terms what the energy review will mean to people and businesses.
When the authors are looking at the energy review they do so without bias. They outline the situation and the proposals without voicing any opinion or making judgmental comments. The only time they enter into disputed territory is when they put forward the Friends of the Earth's view concerning nuclear power and the contrasting one held by a professor at Imperial College London. They write about a complicated and, no doubt, controversial issue which affects a lot of people. However, they stay on neutral ground and report the facts.
The authors retain formal language in their articles but try to maintain a middle level of language despite the complicated issue. The vocabulary used, for example, is not demanding but, on the other hand, it is not simple either.

The authors in the first text use statistics and quotations from reliable sources to give their article credibility and provide the reader with concrete facts.
As mentioned earlier, the second text deals with how people are going to be affected by the proposed changes. It has no gentle introduction like the first text, instead it jumps almost aggressively into stating facts in a parade-ground way. Facts are predominantly given in innumerous single-sentenced paragraphs one after another that almost bark out the hard facts, whether people want them or not. This, of course, focuses the reader's attention on these points and summarizes them simply. Only three paragraphs contain more than one sentence. The authors, though, still do not offer any of their own comments, but how their information is presented makes the second text feel a less friendly article that the earlier one.
The language element of the second text mirrors the first, it is not too hard and also not too simple – it is designed for a reader with a reasonable education and an interest in the topic. However, there are no quotations this time and only a minimum of statistics from the Government's review.

Comment

We have global warming which is escalating far quicker than anyone predicted. As a result, we must look at ways to reduce this rate and hopefully recreate the balance between mankind and nature. The imbalance at the moment is primarily due to CO_2 emissions. If they can be significantly reduced, then perhaps global warming can be curbed. However, doing this is not painless and immediate action is required. If Professor Grimes is correct, then it would seem sensible to develop nuclear energy further as well as renewable technology.
Being reliant on one type of energy source is politically unwise since it leaves the country vulnerable to disruption and inevitable chaos. Nuclear power is something that everyone knows works and produces energy, even though many object to it. Energy based on renewable technology is still in its infancy and needs more development and research. It is necessary that the two systems work together with perhaps more dependency on the disliked version until the seemingly more environmentally friendly of the two is more advanced and better understood.
I think Professor Grimes's statement should have been slightly expanded and included the words 'and people': 'they and people need to work together'. One reason why global warming has taken place is the reluctance to do anything about it. With regard to energy sources, there are still the objectors to nuclear power stations. One can argue a case for and against most points but the critics never offer a viable alternative that can be immediately developed. Renewable energy sources are new and supposedly environmentally friendly but even they have attracted criticisms – onshore wind farms are unsightly and unhealthy because of the strobe effect, offshore ones damage marine life – and undoubtedly there will be unseen negative aspects to anything which is further developed. But perhaps without undue criticism we can progress speedily towards a solution which balances our need for power and our need to save the planet without forever stalling because of in-fighting.
Nuclear and renewable technologies would seem like the only sensible alternatives at the moment if global warming is to be reduced and with the systems functioning together. Perhaps when the crisis point is passed we could then look at which we would really prefer, rather than looking at what we would prefer while the crisis point goes by and irreversible damage is done. *(391 words)*

Leistungskurs Englisch (Thüringen): Abiturprüfung 2008
Teil B – Task 2

Extract from **Angela's Ashes**

My father and mother should have stayed in New York where they met and married and where I was born. Instead, they returned to Ireland when I was four, my brother, Malachy, three, the twins, Oliver and Eugene, barely one, and my sister, Margaret, dead and gone.

When I look back on my childhood I wonder how I survived at all. It was, of course, a miserable childhood: the happy childhood is hardly worth your while. Worse than the ordinary miserable childhood is the miserable Irish childhood, and worse yet is the miserable Irish Catholic childhood.

People everywhere brag and whimper about the woes of their early years, but nothing can compare with the Irish version: the poverty; the shiftless loquacious alcoholic father; the pious defeated mother moaning by the fire; pompous priests; bullying schoolmasters; the English and the terrible things they did to us for eight hundred long years.
Above all – we were wet.

Out in the Atlantic Ocean great sheets of rain gathered to drift slowly up the River Shannon and settle forever in Limerick[1]. The rain dampened the city from the Feast of the Circumcision[2] to New Year's Eve. It created a cacophony of hacking coughs, bronchial rattles, asthmatic wheezes, consumptive croaks. It turned noses into fountains, lungs into bacterial sponges. It provoked cures galore; to ease the catarrh you boiled onions in milk blackened with pepper, for the congested passages you made a paste of boiled flour and nettles, wrapped it in a rag, and slapped it, sizzling, on the chest.

From October to April the walls of Limerick glistened with the damp. Clothes never dried: tweed and woollen coats housed living things, sometimes sprouted mysterious vegetations. In pubs, steam rose from damp bodies and garments to be inhaled with cigarette and pipe smoke laced with the stale fumes of spilled stout[3] and whiskey and tinged with the odor of piss wafting in from the outdoor jakes[4] where many a man puked up his week's wages.

The rain drove us into the church – our refuge, our strength, our only dry place. At Mass, Benediction, Novenas[5], we huddled in great damp clumps, dozing through priest drone[6], while steam rose again from our clothes to mingle with the sweetness of incense, flowers and candles. Limerick gained a reputation for piety, but we knew it was only the rain.

My father, Malachy McCourt, was born on a farm in Toome[7], County Antrim. Like his father before, he grew up wild, in trouble with the English, or the Irish, or both. He fought with the Old IRA and for some desperate act he wound up a fugitive with a price on his head.

When I was a child I would look at my father, the thinning hair, the collapsing teeth, and wonder why anyone would give money for a head like that. When I was thirteen my father's mother told me a secret: as a wee lad your poor father was dropped on his head. It was an accident, he was never the same after, and you must remember that people dropped on their heads can be a bit peculiar.

Because of the price on the head he had been dropped on, he had to be spirited out of Ireland via cargo ship from Galway[8]. In New York, with Prohibition[9] in full swing, he thought he had died and gone to hell for his sins. Then he discovered speakeasies[10] and he rejoiced.

After wandering and drinking in America and England he yearned for peace in his declining years. He returned to Belfast, which erupted all around him. He said, "A pox on all their houses" [11] and chatted with the ladies of Andersontown[12]. They tempted him with delicacies but he waved them away and drank his tea. He no longer smoked or touched alcohol, so what was the use? It was time to go and he died in the Royal Victoria Hospital.

My mother, the former Angela Sheehan, grew up in a Limerick slum with her mother, two brothers, Thomas and Patrick, and a sister, Agnes. She never saw her father, who had run off to Australia weeks before her birth. [...]

[She] was named Angela for the Angelus[13] which rang the midnight hour, the New Year, the minute of her coming and because she was a little angel anyway. [...]

At the St. Vincent de Paul School, Angela learned to read, write, and calculate and by her ninth year her schooling was done. She tried her hand at being a charwoman, a skivvy[14], a maid with a little white hat opening doors, but she could not manage this little curtsy that is required and her mother said, "You don't have the knack of it. You're pure useless. Why don't you go to America where there's room for all sorts of uselessness? I'll give you the fare."

She arrived in New York just in time for the first Thanksgiving Day of the Great Depression[15]. She met Malachy at a party given by Dan MacAdorey and his wife, Minnie, on Classon Avenue in Brooklyn. Malachy liked Angela and she liked him. He had a hangdog look, which came from the three months he had just spent in jail for hijacking a truck. [...]

By Frank McCourt. From: Angela's Ashes, Touchstone, New York, 1997, pp. 11–14.

Annotations:

1 Limerick: a city in the west of the Republic of Ireland on the River Shannon
2 Feast of Circumcision: a Christian festival on 2nd January
3 stout: a strong, dark beer brewed in Ireland
4 jakes: *derog.* a toilet
5 Mass, Benediction, Novenas: divine services in church
6 priest drone: the monotonous speaking of the priest
7 Toome: a place in a Protestant area of Northern Ireland
8 Galway: a city and port on the west coast of the Republic of Ireland
9 Prohibition: period from 1920–33 in the USA when the production and sale of alcohol was forbidden
10 speakeasy: *AE* a place in the USA where alcohol could be bought illegally during Prohibition
11 "A pox on all their houses.": *a slightly altered quotation by Shakespeare* meaning: I am interested in none of you.
12 Andersontown: a district of Belfast
13 Angelus: a bell rung when it is time for prayer
14 skivvy: *derog.* for charwoman
15 the Great Depression: a period of economic crisis in the 1930s

Tasksheet

Working with the text

Do the tasks, using your own words as far as appropriate. 40 BE

State the author's reasons for calling his childhood "miserable" (l. 6).

Describe the impression the reader gets of Limerick.

Characterise the author's parents.

Concentrating on the author's choice of words, interpret the tone of the text.

Being mobile means losing one's roots.

Discuss this view. Write at least 300 words and count your words.

Lösungsvorschlag

Working with the text

The author's reasons for calling his childhood "miserable"

Hinweis: The key points are:
- *family background – poverty, loud-mouthed alcoholic father, religious mother always lamenting/grumbling (lines 10/11)*
- *religion – worst degree of being miserable is being an Irish Catholic, deeply religious mother, self-important and overbearing priests (lines 6–8, line 11)*
- *bullying schoolmasters (line 11)*
- *the English – the oppression the Irish felt (line 12)*
- *the weather – forever damp, leading to illness and more church (lines 13–30)*

The author not only calls his childhood miserable but describes it as being the most miserable of them all because he was not only Irish but Catholic, too.

The author believes he was lucky to outlive his childhood. He describes Irish poverty in detail and the reader presumes this includes his own, too. His childhood, therefore, was wrought with poverty, his father was not only an alcoholic but also an outspoken loud-mouth, his mother was deeply religious but destroyed as a person so she spent her time lamenting or complaining at home by the fireside.

Religion played a memorable role, too, since he describes the worst degree of being miserable as being an Irish Catholic. His mother had a deep respect for God and religion even though both had seemingly deserted her and offered her no comfort. The priests were not helpful but self-important and overbearing. Even when he and his family wanted to escape the appalling rain, they could only go to the church.

He found his teachers at school menacing and accuses them of being bullies. He also sees the English as being one of the roots of Irish poverty. And, finally, the desperate situations of his childhood – the poverty and his family background, in particular – were only enhanced by the miserably damp and wet conditions in which they lived. The weather was all consuming and made everyone's life bad. Illness was rife and living conditions awful because of it.

Impression of Limerick

Hinweis: The key points are:
- *wet and damp – raining the whole year, constant dampness, insects and mold (lines 13–23)*
- *unhealthy – lots of illnesses especially associated with breathing and severe colds (lines 16–18)*
- *poverty – home-made cures – no mention of doctors or medicines (lines 18–20)*

– alcohol and the pub – pub plays a main role, drinking and smoking prevail, men drink wage packets away (lines 23–26)
– Limerick seen as deeply religious but it is not (lines 27–30)

Great emphasis is put on Limerick's weather and this creates other smaller images for the reader to consider. The image of Limerick is that it is constantly wet, the author pointing out that it rains all year round. This constant dampness affects the people, who suffer from insect infestation and mold on their clothes to associated illnesses such as lung problems and severe colds. Poverty is further reinforced in the extract in that people are described making their own recipes for cures instead of seeking medical help from doctors. In addition, the only shelter from the appalling conditions was the church for the family, and one presumes the pub for the men, too.
The pub would seemingly play an important role in the community, since it is the only place other than the church which is specifically mentioned. Drinking and smoking would appear to dominate lives with many men drinking their entire weekly wage packet away in one go and then being sick.
Finally the author explains that people often see Limerick as a deeply religious town but it is not because of the interest in the church, it was only to obtain shelter from the rain.

Characterization of the author's parents

Hinweis: The key points are:
Father
– loud-mouthed alcoholic (line 10)
– born on a farm in Northern Ireland (line 31)
– grew up wild (line 32)
– often in trouble with the English, the Irish or both (line 32)
– Old IRA member (line 33), probably Catholic
– left Ireland as a fugitive with a price on his head (lines 33/34 and 40/41)
– unattractive – thinning hair, collapsing teeth (line 35); possibly some strange ways – mother explains them away as a childhood accident (lines 37–39)
– drinking plays an important role (lines 41–44)
– never settles (lines 44/45)
– spent time in an American jail (line 64)
– quiet in his final years, no smoking or drinking (lines 47–49)
Mother
– born in Ireland – Irish Catholic (lines 50–54)
– could read, write and calculate (line 55)
– went to school until her 9th year (line 56)
– had difficulty with menial jobs (lines 56–58)
– mother accuses her of being useless (lines 58–60)
– ill-fated – goes to America at time of Depression (lines 61/62)
– sympathy for Malachy's sad looks (lines 63/64)
– five children close together, one dies (lines 1–4)

The author's father is basically an alcoholic drifter and sometime troublemaker. He was born on a farm in Northern Ireland but is probably Catholic. He was allowed to be undisciplined as a child, which led to many confrontations both with the disliked English and his own country folk. He felt fighting for his country necessary and became an IRA member. For whatever reason he had to leave Ireland quickly since he became a wanted man with a reward offered for information about him.
His problem with authority seemed to have crossed the Atlantic with him, since the author says that his father had spent three months in an American jail for stealing a lorry. He never put down roots, either, and is described as always unsettled.

Physically, he appears not to have been very attractive. He is described as having a "hangdog" (ll. 63/64) appearance – a sort of downcast, disgraced and uncared-for look. His hair was getting thin and his teeth were in poor condition. Furthermore, he appears to have some peculiarities which his mother passes off to her grandson, now the author, as being the result of a childhood accident when he was dropped on his head.

The author's mother seems to be characterised by sadness, problems and hardship. She, too, was born in Ireland and is Catholic. She went to school until "her ninth year" (l. 56) and could therefore read, write and do maths. She had problems maintaining a job, though, which her own mother put down to her uselessness.

She is an ill-fated sort of person. Not only could she not cope with menial work, she left to start a new life in America but at the time of the Depression. In addition she met Malachy. She was not attracted to Malachy because of his character but because of how he looked. She had five children very closely after each other, one of whom died.

The tone of the text

Possible interpretation
Tone: predominantly to gain sympathy
- *descriptive adjectives, for example: "loquacious, alcoholic, pious, pompous, bullying" (lines 10/11)*
- *cacophony – harsh sounds to describe illnesses, for example "hacking, rattles, wheezes, croaks" (lines 16/17)*
- *metaphors to enhance images, for example noses turning to fountains and lungs to sponges (lines 17/18)*
- *disgust and low life illustrated by colloquial expressions: "piss, jakes, puked" (line 25)*
- *element of humour through childhood naivety: head references (lines 34–39)*
- *repetition – for example, "our" (line 27) to reinforce problems*

Tone change
- *ironic and flippant humour arises: for example, "the price on the head he had been dropped on" (line 40), and an alcoholic in New York during Prohibition (line 41)*

Contrast
- *shows mother's ineptness but in nicer way than father's, uses pleasanter words – for example, "a little angel" (line 54), or "tried her hand at ..." (line 56)*

In the extract the author tries to gain the sympathy of the reader by explaining the awful conditions and circumstances surrounding his parents' return to Ireland and the childhood which he had to endure.

The main way the author does this through language is by using descriptive adjectives to give the reader a more memorable picture, for example, "the shiftless loquacious alcoholic father" (l. 10). He again uses vivid vocabulary, this time cacophony, when describing illnesses as being "hacking coughs" or involving "rattles, [...] wheezes" and "[...] croaks" (ll. 16/17). He also uses metaphors to create further images for the reader so that the tone of his text is maintained; he refers to running noses that "turned [...] into fountains" (l. 17), for example, or lungs turning into "bacterial sponges" (l. 18). By repeating words and phrases, even simple ones such as "our" in line 27, he manages to reinforce the harshness of events, which again seeks out the reader's sympathy.

After line 32 the tone changes slightly and becomes almost ironic in a child-like way. The author is still working on the sympathy of the reader but relays this in a more indirect way. For example, he uses the theme of his father's head in different ways but links these together with an ironic joke, he writes about the price on his fathers head, and then his father being dropped on his head, which he often repeats. The two images are then put together in the confused logic of a child "Because of the price on the head he had been dropped on" (l. 40).

Finally he draws a subtle comparison between his father and his mother. He treats his father to harsher words than his mother for whom he uses softer ones. He talks about his father as being "wild" (l. 32), "wandering and drinking" (l. 44), and as being a troublemaker whilst he talks of his mother as angelic, educated, sadly useless and sympathetic to Malachy's bad fortune.
The author wants the reader's sympathy and he portrays the images and the people accordingly.

Discussion of the statement

"Being mobile means losing one's roots" is not something I particularly agree with in today's society.
Firstly, I believe that your roots are never really lost unless you wish them to be so, even when living in another country you can maintain your ways and contacts to your home country while adopting and integrating the ways of your host nation. Moving around the globe does not result in losing one's roots. If you live and work in America, for example, you will still view yourself as being German and talk of your home as being Germany, too. This identification with a place is important since it provides a sense of belonging. Some people choose not to keep their roots but then they have difficulty establishing new ones which they can then associate with because they are essentially alien.
Secondly, with modern technology and the internet, keeping in contact with family and friends has never been easier nor cheaper. You can phone anyone anywhere and speak with them for a long time, you can set up video links and you can get all the information you want about home that you feel is needed without any problem at all. Travel, too, is easier and cheaper enabling people to fly distances for short or long holidays which previously were cost and time prohibitive.
For me, roots are how you feel and mobility is what you are. What I mean is, no matter where you are in the world you can be the person who you wish to be and also maintain the roots that you want to. Being mobile simply means living in a different place and not settled, willing to move again and again, as the case may be, but your roots are where you come from and where you feel you belong.
Two generations ago, living a few hours away from family would have seemed like the end of the world, today a few hours away travelling can mean a different country. And where communications were once only by weekly letters, today's contact is anytime and anywhere. Being mobile offers unlimited opportunities and none at the cost of one's roots.

(369 words)

Leistungskurs Englisch (Thüringen): Abiturprüfung 2009
Teil A – Hörverstehen

- *Welcome to part A of your examination: listening comprehension.*
- *Please read the worksheets carefully. You have four minutes.*

- *Now you will hear the text for the first time. You may take notes and/or do the tasks.*

(text: see below)

- *Now do the tasks on your worksheet. You have seven minutes. Then you will hear the text for the second time.*
- *Now you will hear the text for the second time.*

(text: see below)

- *Now complete the tasks on your worksheets. You have seven minutes.*
- *Time is over. Please stop writing and hand in your papers.*

Worksheet

1. Complete the sentences. Tick (✓) the correct option.
   There is only one solution. 4

   a) When people think of Australia they think about …
      - ☐ *hectic life.*
      - ☐ *geckos on the ceiling.*
      - ☐ *everyone living at the beach.*
      - ☐ *koalas in eucalyptus trees.*

   b) Reality for some immigrants means …
      - ☐ *losing their families and homes.*
      - ☐ *feeling lost in big cities.*
      - ☐ *living in poverty.*
      - ☐ *finding their freedom.*

   c) This year Australia opens its doors to … migrants.
      - ☐ *34,000*
      - ☐ *43,000*
      - ☐ *134,000*
      - ☐ *143,000*

   d) A typical Australian barbecue involves …
      - ☐ *children playing football.*
      - ☐ *the family preparing salads together.*
      - ☐ *men and women grilling sausages.*
      - ☐ *men talking about beer and football.*

2. Complete the following sentences with information about Kate Thomas. 4

Kate got to know her Australian husband Simon ______________ years ago.

She is of ______________________ nationality.

She was employed in the _________________________.

At the age of 24 she settled in Adelaide, the capital of __________________
_______________.

3. Complete the chart with information about Paul. 7

A) General information:
- of British origin
- ______________________
  ____

B) Family members:
- wife
- son Bradley
- ______________________

Paul

C) Likes:
- ______________________
  ____
- English soccer
- English soccer shirts
- ______________________
- ______________________
  ____

D) Reasons for leaving Britain:
- a better lifestyle in Australia
- ______________________
  ____
- rain, smog, traffic
- ______________________
  ____

Lösungsvorschlag

Transcript: No Milk and Honey

N: It's Australia Day and the flags are out. The streets are full of people celebrating what it is to be Australian.

A: People think Australia is very laid back, everyone lives at the beach, you buy a shrimp from the barbie, ever wear shorts all the time and it's sunny and kangaroos jump down the street.

N: But for others the dream comes at a price: they lose their homes, their families and finally their freedom in an Australian immigration detention centre.

B: When you go there there's no freedom inside. There's nothing you can do – just frustration. When you die, if you do something bad you go in hell, so for me that was hell.

N: This year Australia plans to attract another 134,000 migrants with the promise of jobs, homes and a better life. But for the BBC I want to ask: Will they all find the Australian dream?

C: Australians believe in sizzling sausages – whatever the event there has to be a barbecue with sausages nicknamed "snags" cooking on the top. The BBQ is the essence of Australia.

D: It always involves the men sitting up at the bar talking about beer and football predominantly. When they're not sitting up at the bar they'll be cooking the BBQ. The women would be preparing all the salads and looking after the children and sitting around the table talking about salads and children really. If you as a female went and joined the men up at the bar you would be made to feel as if you shouldn't have joined them up at the bar. The conversation is beer and football for the boys and babies and salads for the girls.

N: Kate Thomas met her Australian husband Simon in London 15 years ago. Kate is British and has had an exciting life. She used to work in the music industry. At the age of 24 she made a tough decision. She moved to the other side of the world to start a new life with Simon in Adelaide, the capital of South Australia. She left her home, her friends and her family.

Kate: My first impressions of Adelaide were I just wondered where all the people were. The first weekend I can remember thinking there must be this huge festival on somewhere that's everybody is at that festival because the shops are empty, the cinema, you can park outside. There's nobody around and I kept on saying Simon where is everybody and he was going that is Adelaide.

N: Kate isn't the only "pom" as British people are often called here who'd rediscovered her English roots since moving to Australia. My husband Paul and I are also British. We came here in 1999 with our son Bradley who's now eight. We went on to have a daughter, Claudia. Bradley still tells people we are British even though we became Australian citizens last year and Paul has somewhat belatedly become obsessed with British rock bands from the 1990s like this one called Oasis. He also likes to wear English soccer shirts and he prefers to drink British beer. And he likes to have both shirt on his back and beer in his hand while he watches old English police dramas on TV.

Paul: A lot of these things are things I was brought up with – being brought up with English soccer. It's not really possible to then suddenly become passionate about Australian rules football. I think it's different for English beer because that's just a quality issue. The Australians don't make very good beer but the English do. So I'm happy to drink English beer.

N: Do you feel homesick, Paul? Do you think about the UK and think perhaps we should have stayed?

Paul: I don't think we should have stayed because our lifestyle is infinitely better now that we are living in Australia. And sometimes you are homesick for a country that no longer exists – it's the England that's being built up in my imagination and what isn't the reality: crowded streets, rain, smog, traffic, rude bus drivers.

N: What about the reality about coming to Australia? I mean, did this place live up to our expectations?

Paul: You don't get rude bus drivers here in Australia.

N: Don't you?

Paul: Well, not in Adelaide anyway, you'll probably get that in Sydney.

N: Probably because there aren't many buses in Adelaide.

Paul: Yeah, which is a great advantage – less traffic and less smog.

Quelle: BBC World Service.com 2006

1. Complete the sentences. Tick (✓) the correct option.
   There is only one solution.

   a) When people think of Australia they think about …
      - [ ] *hectic life.*
      - [ ] *geckos on the ceiling.*
      - [x] *everyone living at the beach.*
      - [ ] *koalas in eucalyptus trees.*

   b) Reality for some immigrants means …
      - [x] *losing their families and homes.*
      - [ ] *feeling lost in big cities.*
      - [ ] *living in poverty.*
      - [ ] *finding their freedom.*

   c) This year Australia opens its doors to … migrants.
      - [ ] *34,000*
      - [ ] *43,000*
      - [x] *134,000*
      - [ ] *143,000*

   d) A typical Australian barbecue involves …
      - [ ] *children playing football.*
      - [ ] *the family preparing salads together.*
      - [ ] *men and women grilling sausages.*
      - [x] *men talking about beer and football.*

2. Complete the following sentences with information about Kate Thomas.

   Kate got to know her Australian husband Simon *15 / fifteen* years ago.

   She is of *British* nationality.

   She was employed in the *music industry*.

   At the age of 24 she settled in Adelaide, the capital of *South Australia*.

3. Complete the chart with information about Paul.

Paul

A) General information:
- of British origin
- *came to Australia in 1999 / became Australian citizen*

B) Family members:
- wife
- son Bradley
- *daughter Claudia*

C) Likes:
- *British rock bands (from the 1990s) / Oasis*
- English soccer
- English soccer shirts
- *English beer*
- *(old English) police dramas (on TV)*

D) Reasons for leaving Britain:
- a better lifestyle in Australia
- *crowded streets*
- rain, smog, traffic
- *rude bus drivers*

Win hearts of tomorrow's leaders

Simon Morrison had never considered working in new media. But unbeknown to the highflying Rhodes scholar[1], he was the perfect match for Google. Despite getting 3,000 job applications every day, the company makes a lot of effort to track down promising individuals who fit its corporate[2] culture. In the growing war for talent, it is essential to focus on finding recruits who share a business's vision.

Morrison, in the second year of a master's degree in African studies at Oxford University and toying with the idea of becoming an academic, was drawn by curiosity to a party that Google hosted at Oxford for students.

The company's presentation was engaging, so he submitted a speculative CV and was then invited to London to discuss a possible position in public relations. During that day, Morrison and Google clicked.

"They sold it to me," said the 26-year-old graduate. "I was impressed by the vigour and sharpness of the people I met, but the biggest draw[3] was Google's culture. It was unlike any corporate environment I had encountered before, almost an anti-corporate corporation, laid back but intense."

Liane Hornsey, the human-resources[4] director at Google, said its recruitment procedure had been shaped to focus on cultural fit, which it ranks alongside three other attributes – cognitive ability, leadership ability and role-related knowledge.

"We want people who can thrive in our culture, who can play as a team, take other people seriously, take work seriously but also take their work-life balance seriously," she said.

The process is based on extensive interviews that involve assessment by junior colleagues as well as senior ones who would have to work with the individual. Even executive posts are filled in this manner.

"If anybody doesn't feel comfortable with the candidate, we don't go forward," said Hornsey.

[…]

Michael Rendell, partner and global head of PWC's[5] human-resource service, which helps businesses to recruit, said: "The demand for high-quality people globally has become more intense than ever."

Some industries, such as financial services, engineering and, more recently, construction and commodities extraction, were particularly competitive. In such areas, Rendell said recruiters had to be creative to attract the best people.

This was not just a matter of the right money. Rendell said the best recruits could be attracted to the opportunity to engage in a variety of work in different countries, to a clear career progression, with an idea of when they might expect to be promoted, and to a company with good corporate social-responsibility credentials.

For top executives recruited by BT Global, the prospect of tackling challenging projects was often a key attraction, said Caroline Weeks, head of recruitment for the IT services business. She said the search for the talent started at home. "Ideally, you want to promote people within," she said.

If that approach proves unsuccessful, Weeks turns to specialist search companies. They use their networks of contacts to draw up a list of perhaps 50 potential candidates. This is then cut to a short list of perhaps five known to be interested in a move.

At the other end of the scale, HSBC[6] is courting university students. Charlotte Fordham, graduate recruitment and development manager, said that by having a campus presence at 11 key universities – through, for example, social-responsibility initiatives, skills sessions and money-management podcasts – the bank aimed to forge links with talent early on.

"It's getting harder to get hold of the best students so we try to build strong relationships with top-tier universities," she said.

The recruitment of Sophia Biagioli epitomises this approach. She was studying for a master's degree in international business and Italian at Edinburgh University and Milan's Universita Bocconi, when she learnt about HSBC's intern[7] scheme.

This allowed her to gain work experience and held out the possibility of the international career that she wanted. She excelled in her role and was offered employment on graduation. "While my housemates were running around looking for a job during their final year, I had an offer in hand and could focus on my degree," said Biagioli. She graduated with a first.

In September 2006, Biagioli joined HSBC's executive training programme, earning £ 29,000 including bonuses and completing a six-month placement in Istanbul as part of the chief executive's team for strategic products. Age 23, she is now about to move to America as a credit analyst on HSBC's international management programme, with the expectation that she will head one of the bank's businesses or trouble-shoot a business problem abroad.

Paul Sparrow, director of the centre of performance-led human resources at Lancaster University, said: "Organizations are fighting for a handful of highly talented people, which gives them a remarkable amount of power in today's labour market."

By Steve Farrar. From: The Sunday Times, 9 March 2008.

Annotations:

1 Rhodes scholar: a student from the US, Germany or the Commonwealth who is given a scholarship to study in Britain at Oxford University from a fund that was started by Cecil Rhodes in 1902
2 corporate: belonging to or connected with a business
3 draw: attraction
4 human-resources: personnel
5 PWC: *abbr.*: Price Waterhouse Coopers = the name of a firm
6 HSBC: name of a British bank
7 intern: *abbr.*: internship

Tasksheet

Working with the text

Do the following tasks, using your own words as far as appropriate. 40 BE
State the topic of the text.
Describe the different firms' innovative and varied strategies for recruiting the "perfect match".
List the abilities future business leaders are expected to have.
Analyse the style of the text and draw conclusions about the type of newspaper it was published in.

"We want people who […] take work seriously but also take their work-life balance seriously." – Liane Hornsey, human-resources director at Google
Comment on these demands. Write at least 350 words and count your words.

Lösungsvorschlag

Working with the text

The topic of the text

Hinweis: Der Operator „state" erfordert, dass Sie das Thema das Textes kurz und präzise benennen. Formulieren Sie daher 1–2 Sätze.

The text "Win hearts of tomorrow's leaders" by Steve Farrar, published in *The Sunday Times* of 9th March, 2008, deals with the competition between different companies for highly-educated people and shows their varied approaches to attracting these people. The text also focuses on skills and qualifications which future business leaders should have.

The different firms' strategies of recruitment

Hinweis: Zunächst sollten Sie mit eigenen Worten und mit Bezug zum Text erklären, was "perfect match" bedeutet. Der Operator „describe" erfordert die detaillierte Darlegung der verschiedenen Strategien, die im Text benannt sind. Alle im Text vorgestellten Strategien sollten hier in einem kohärenten Text dargelegt werden. Eine Kategorisierung der Strategien nach den genannten Firmen ist sinnvoll, aber nicht unbedingt notwendig. Halten Sie sich ausschließlich an die Fakten im Text und verzichten Sie auf Wertungen und Kommentare.

According to the text, companies look for "perfect matches" (l. 2), i. e. highly-qualified recruits who fit these companies' cultures and visions and who have the skills and qualities of future business leaders. As it is difficult to find such people, the companies use varied and innovative strategies of recruitment:
Google (a well-known IT-business), insists that a "cultural fit" (l. 17) is essential. Therefore they try to promote their company's culture through holding presentations at places where they may attract the attention of highly-qualified people, for example, hosting parties for students at Oxford University. In addition, they conduct extensive job interviews in which potential recruits are assessed by junior and senior staff who would be likely to work with them later on.
Another company, PWC, offers prospective recruits the opportunity to work in different countries. Furthermore, it attracts people by offering them a clear career progression scheme and showing good social responsibility.
BT Global believes that people can best be reached through the prospect of solving challenging tasks. They usually start looking for talent within the company. In case they are not suc-

cessful with this approach, they ask specialized search companies for help, who then use their networks to compile lists of suitable candidates.
HSBC, a British bank, tries to find recruits among university students, which is why it keeps close connections with 11 key universities. It considers an early development of talent very important offering, for example, social-responsibility initiatives, skills sessions and money-management podcasts. It also provides work experience (internships) and the chance of employment upon graduation to successful students. HSBC's executive training programmes attract people because of its good working conditions and future prospects within the company.

Abilities of future business leaders

Hinweis: Der Operator „list" erfordert die Darstellung Ihrer Lösung als Liste. Versuchen Sie, prägnante Stichpunkte im Nominalstil zu formulieren und nennen Sie alle im Text dargestellten Fakten, auch Eigenschaften, die nur indirekt in den Beispielen vorkommen.

- Ability to share a company's vision
- Ability to adapt to a company's culture ("cultural fit")
- Cognitive ability
- Leadership ability
- Role-related knowledge
- Team spirit
- Ability to take other people and one's job seriously
- Good work-life balance
- Talent
- Commitment / initiative
- Excellent grades / degree
- Flexibility

Analysis of style

Hinweis: Die Aufgabe erfordert eine detaillierte Analyse der stilistischen Merkmale. Schlussfolgern Sie auf der Grundlage dieser Analyse, in welchem Typ von Zeitung („quality paper" oder „popular paper") der Artikel veröffentlicht wurde. Begründen Sie Ihre Aussage mit typischen Merkmalen dieses Zeitungstyps und belegen Sie Ihre Aussagen jeweils mit konkreten Beispielen aus dem Text (mit Zeilenangabe). Zwei Herangehensweisen sind möglich:
- *Sie analysieren zunächst die stilistischen Merkmale des Textes und schlussfolgern dann.*
- *Sie beginnen mit Ihrer These zum Typ der Zeitung und beweisen diese dann, indem Sie die stilistischen Merkmale des Textes analysieren. Diese Variante wird in der Musterlösung gezeigt.*

Bei der Analyse der stilistischen Merkmale sollten Sie sich auf folgende Schwerpunkte konzentrieren:
- *Analyse der Stilebene (register: formal – neutral – informal) durch Untersuchung der Wortwahl (choice of words) und der Syntax (syntax: use of simple/complex sentences, use of partiples/participle constructions)*
- *Analyse von rhetorischen Figuren (Metaphorik)*
- *Stilistische Besonderheiten im Aufbau des Textes: Überschrift, Argumentationsstruktur: Verwendung von Zitaten und Quellen, Auswahl der Beispiele, Position des Autors im Text (objektive – subjektive Darstellung)*

The text given was published in *The Sunday Times*, which is a so-called quality paper or broadsheet. A thorough analysis of the style of the text proves this to be the case.
The style of the text can be classified as formal, a typical feature of a quality newspaper whose target group is "the educated reader". If we look at the choice of words and phrases, we can see that the author uses a lot of formal ones like "cognitive" (l. 18), "corporate social-responsibility credentials" (l. 37), "epitomise" (l. 52), "excel" (l. 56). Furthermore, the author uses a high number of specialized words from the world of work, in particular from the field of job recruitment: "corporate culture" (l. 4), "human-resources director" (l. 16), "commodities extraction" (l. 32), "executive training programme" (l. 60). This is due to the fact that the text is directed at a specialist readership, namely people involved in job recruitment and university students looking for top positions in business. Another characteristic which adds to the formal style is the extensive use of complex sentences (cf. ll. 2–4: "Despite getting ... culture" to name just one example), including the wide use of participles and participle constructions (cf. l. 38: "For top executives recruited by BT Global, ..." or l. 46: "... by having a campus presence ..."). However, the relatively formal, journalistic style is enriched by metaphorical language, which adds some colour to the article (cf. headline: "Win hearts of tomorrow's leaders", l. 4: "the growing war for talent", l. 7: "... toying with the idea of becoming an academic, ...", l. 45: "... HSBC is courting university students.").
Further evidence that the article was published in a quality newspaper is the internal structure of the text. The text is a good example of objective, balanced and unbiased reporting, which can be attributed to the following characteristics: There is no direct interference by the author, who neither evaluates nor comments on the facts presented in the text. On the contrary, he mainly presents expert knowledge by directly and indirectly quoting those involved in the field of recruitment such as the student Simon Morrison (ll. 12–15) or Liane Hornsey, human-resources director at Google (ll. 16–26). The facts the author presents are obviously based on detailed research, perhaps interviews with the people he reports on. By presenting expert opinion and experience and by giving appropriate evidence for certain claims, the author creates a consistent line of argument, which makes the article trustworthy and objective.
All in all, the text at hand is a very good example of what an article from a quality newspaper should be like.

Comment

Hinweis: Der Operator „comment on" erfordert von Ihnen eine persönliche Stellungnahme zu den zwei Grundaussagen des Zitats. Wie bei jedem Aufsatz sollten Sie eine Einleitung, einen Hauptteil und einen Schluss (z. B. Zusammenfassung, Schlussfolgerungen, Ausblick) formulieren. Achten Sie darauf, dass das vorgegebene Zitat in Ihrer Einleitung eingeführt werden muss. Kommentieren Sie im Hauptteil Ihres Aufsatzes beide Aussagen aus dem Zitat und achten Sie dabei auf eine schlüssige Argumentation. Vergessen Sie nicht, konkrete Beispiele zu verwenden. Wenn Sie Aussagen oder Beispiele aus dem Text verwenden wollen, sollten Sie davon ausgehen, dass der Leser des Aufsatzes den Text nicht gelesen hat, d. h. beispielsweise, dass Sie die Quelle benennen müssten.
Dieser Lösungsvorschlag ist wesentlich umfangreicher als gefordert (mind. 350 Wörter), um Ihnen eine Reihe von möglichen Argumenten vorzustellen.

People associate different things with the word "work". For some people it is something they like to do and that they would miss if it were not there, while for others the word "work" arouses negative feelings. However, everybody is confronted with it in everyday life: on the job, at school or at home. Whereas most people find ways of coping with the tasks at hand, others lack the ability to manage their workloads. Employers often claim that today's workers do not show enough commitment and efficiency in the workplace. Liane Hornsey, human-resources director at Google, for example, says: "We want people who take work seriously but also take their work-life balance seriously." In my essay I would like to comment on these two points.

The *Oxford Advanced Learner's Dictionary* defines work as follows: "the job a person does, especially in order to earn money". In my opinion, this definition is rather limited, because there is a lot of work which is unpaid in everyday life – consider household chores or the work of a pupil at school. However, if you take work seriously it pays off, if not in the form of money, then maybe in feelings of contentment, pride etc. If you achieve good results at school, for example, you and your parents will not only be happy about this, but you also will have better chances to get a good job and perhaps a high income later on. One of my cousins, for example, did very well at school, studied medicine and is now a highly-appreciated surgeon who is happy with her life. As far as I am concerned, I take my work at school very seriously because I would like to study Law after finishing school. Furthermore, I do paper rounds to earn some extra money, which gives me a wider choice of things I can do in my free time.

People who do not take their work seriously may suffer from dissatisfaction and, in the worst case, even from unemployment, which may result in a number of further problems. Moreover, dissatisfaction with one's job may influence family life negatively. To exemplify this I would like to refer to the latest statistics which show that the rates of family violence and divorces in families with unhappy adults are higher than in families with happy adults.

Commitment and efficiency in the workplace also help to strengthen our economy. If our economy is in good shape, everybody will profit from this. Germany, for instance, has a better health and social security system than countries with weaker economies. Look at the developing countries in Africa, for example. If people in important positions do not take their jobs seriously enough, there may be serious consequences for others. An example of this is the current financial crisis which was caused by people who did not act responsibly in their jobs. This has led to a number of negative effects: businesses have closed down, lots of people have lost their jobs and savings and the value of money has fallen. I am convinced that it will take a lot of effort to get out of this crisis.

However, we should also take into account that people need to develop a sound work-life balance because it is absolutely necessary to continuously "recharge your batteries" in everyday life. It is essential to relax from work and to gain new strength for future tasks. Psychologists claim that relaxed people are more efficient when solving challenging tasks, show better concentration and have charisma. In other words, people who are happy and have learned to relax produce better results at work. Liane Hornsey, human-resources director at Google, hints at this fact in her statement. As for me, I am quite active in my free time. I play volleyball in a team and, especially at the weekends, I spend some quality time with my family and friends. There is no doubt that this has helped me to cope with the stress at school, especially now that we are taking our final examinations, which will influence our future chances to a large extent. In contrast, people who are unable to find a sound work-life balance are likely to suffer from negative stress, which may lead to lower concentration, less creativity, dissatisfaction with one's job and, in the worst case, illnesses. One of my uncles, for example, works as a sales representative for a large insurance company. Work had always dominated his life until he had a nervous breakdown. He had spent little time with his family and had developed stomach and sleeping problems previously. The doctor's diagnosis was burn-out syndrome. I wonder how long it will take until he will enjoy his life and work again.

On the whole, Liane Hornsey is right when she says that, on the one hand, people have to show commitment at work. On the other hand, they will only be able to do so if they learn to relax in order to "recharge" for their jobs. Certainly, work is an essential part of our lives, but we should make sure that it is not the only one. *(853 words)*

Extract from: **Slam**

The next day, my sixteenth birthday, my life started to change.

The day began with cards and presents and doughnuts – Mum had already been to the baker's by the time I woke up. My dad was supposed to be coming over for tea and cake in the afternoon, and in the evening, believe it or not, Mum and I were going to go to Pizza Express and the cinema. I got the first text from Alicia straight after breakfast – it just said, "I NEED 2 CU[1] URGENT Axx".

"Who was that?" said Mum.

"Oh, no one."

"Is that a Miss No One?" said Mum. She was probably thinking of Nikki, because she knew we'd been out the previous evening.

"Not really," I said. [...]

I went and locked myself in the bathroom and texted her back. I said, "NOT 2DAY[2] MY BIRTHDAY Sxx". If I got something back from that, then I knew I was in trouble. [...]

My phone beeped again. The text just said, "URGENT; OUR STARBUCKS 11am". And then all of me knew – guts, head, heart, fingernails. I texted back "OK". I didn't see how I could do anything else, even though I wanted to do anything else.

When I went back into the kitchen, I wanted to sit on my mum's lap. I know that sounds stupid and babyish, but I couldn't help it. On my sixteenth birthday, I didn't want to be sixteen, or fifteen, or anyteen. I wanted to be three or four, and too young to make any kind of mess, apart from the mess you make when you scribble on walls or tip your food bowl upside down.

"I love you, Mum," I said when I sat down at the table. She looked at me as if I'd gone mad. I mean, she was pleased, but she was pretty surprised.

"I love you too, sweetheart," she said. I tried not to get choked up. If Alicia was going to tell me what I thought she was going to tell me, I reckoned it would be a long time before Mum said that again. It might be a long time before she even felt it.

All the way there, I was doing all kinds of deals, or trying to. You know the sort of thing: "If it's OK, I'll never skate again." As if it had anything to do with skating. I offered never to watch TV again, and never to go out again, and never to eat McDonald's again. Sex never came up, because I already knew I was never going to have sex again, so that didn't seem like a deal God would be interested in. I might as well have promised Him that I wouldn't fly to the moon, or run down Essex Road naked. Sex was over for me, for ever, no doubt.

Alicia was sitting at the long counter in the window with her back to everyone. I saw her face as I was walking in, without her seeing me, and she looked pale and frightened. [...]

"Happy birthday," she said. And then, "I'm late." I understood straight away what she meant. "You were here before me, even," I said. I couldn't resist it. I wasn't trying to be funny, and I wasn't being thick. I was just putting off the moment, hanging on to the old Sam. I didn't want the future to come, and what Alicia was about to say was the future.

"I'm late with my period," she said, straightaway, and that was it. The future had arrived. […]

"How late are you?"

"Three weeks."

Three weeks sounded very late to me, but what did I know?

"Have you ever been three weeks late before?" I said.

"No. Nowhere near."

And then I'd run out of questions. I'd run out of questions that I could actually ask, anyway, I wanted to ask things like. "Am I going to be OK?" "Are your parents going to kill me?" "Do you mind if I go to college anyway?" "Can I go home now?" Stuff like that. But these were all questions about me, and I was pretty sure that I was supposed to ask questions about her. Her and it.

"Can you just buy pregnancy tests in a chemist's?" There. That was another good question. I didn't care whether you could or couldn't, but it was something to say.

"Yeah."

"Are they expensive?"

"I don't know."

"Let's go and have a look." […]

There was a little chemist's next door to the Starbucks, so we went in there, but we got out quick when Alicia saw a friend of her mum's in there. […]

We walked on to the Superdrug round the corner, because it seemed like we wouldn't stick out there.

The cheapest one was £9,95.

"How much have you got?" Alicia said.

"Me?"

"Yes. You."

I fished about in my pockets.

"Three quid. You?"

"A fiver and … sixty pence in change. One of us is going to have to go home for more money." […]

She sighed. "OK. Wait here." […]

I went back to Starbucks, spent my three quid, waited twenty-five minutes, and then went home. And I turned my mobile off, and left it turned off. […]

From: Nick Hornby, Slam, Penguin Books, London, 2008 (pp. 75–81).

Annotations:

1 I NEED 2 C U: I need to see you
2 2DAY: today

Tasksheet

Do the following tasks, using your own words as far as appropriate. 40 BE
Briefly summarize the situation that changed Sam's life.
Describe the narrator's thoughts and feelings on his 16tth birthday.
Interpret the scenes where Alicia and Sam meet each other considering content and language, and evaluate their reactions.

Some years later Alicia and Sam meet in a café.
Create their dialogue. Write at least 350 words and count your words.

Lösungsvorschlag

Working with the text

Hinweis: Bei dieser Aufgabe können Sie alle Teilaufgaben separat bearbeiten. Für die ersten drei Teilaufgaben bietet sich hier allerdings auch ein geschlossener Text zur Textinterpretation an. Dies hätte beispielsweise den Vorteil, dass Wiederholungen vermieden werden. Achten Sie dann aber auf gute und logische Übergänge zwischen den Teilaufgaben. Aus Gründen der Übersichtlichkeit wird hier die erste Variante präsentiert.

The situation that changed Sam's life

Hinweis: Die Aufgabe erfordert eine kurze Zusammenfassung der im Text beschriebenen Situation. Konzentrieren Sie sich auf die Beantwortung der W-Fragen (Wer?, Was?, Wie?, Wo?, Wann?). Beachten Sie auch weitere Anforderungen an eine Inhaltsangabe, wie z. B. die Verwendung von Präsens-Zeitformen, den Verzicht auf Details, Zitate, Wertungen (vgl. auch Hinweise zum Operator „summarize" im Kapitel „Anforderungen und ausgewählte Leitbegriffe").

The extract from the novel *Slam* by Nick Hornby, published by Penguin Books, London, in 2008, is about a teenager called Sam, the narrator of the story. While he is looking forward to celebrating his 16th birthday he receives a text message from a girl called Alicia who asks him to meet her at their favourite Starbucks Café. There Alicia informs Sam that she might be pregnant. Since Sam is unable to cope with the situation and the prospect of being a teenage father, he decides to escape before Alicia buys and uses the pregnancy test.

Sam's thoughts and feelings

Hinweis: Der Operator „describe" erfordert hier die detaillierte Darlegung der Gedanken und Gefühle des Protagonisten. Bei diesem Text bietet es sich an, die Entwicklung der Gedanken und Gefühle parallel und chronologisch zu betrachten. Eine separate Beschreibung der Entwicklung der Gedanken und Gefühle ist jedoch auch möglich.

When Sam wakes up on the day of his 16th birthday he feels good. He looks forward to all the joys such a day usually brings: cards, presents, good food and especially to spending the afternoon with his father and an evening out with his mother (cf. ll. 1–5). His mood and thoughts change when he receives a text message from Alicia, who urgently wants to see him. He starts to feel uncomfortable and tries to escape the situation by texting back that he cannot meet her because of his birthday. When he receives Alicia's second message, who insists on a meeting at their Starbucks, he realizes the seriousness of the situation. He feels trapped because he seems to know that he will be in trouble and that he will not be able to avoid the situation (cf. ll. 13–16). Suddenly he wishes he could turn back time and be a child again who would not have any serious problems or be made responsible for his behaviour (cf. ll. 17–26). Since he is afraid of losing his mother's support later on, he turns to her in order to reaffirm her love (cf. ll. 22–24). Sam obviously feels uncertain and weak in the situation he is facing. On his way to the meeting he tries to think of a way out of the situation. He wishes he could make a deal with God to undo what he has done. He feels sure that he will never want to have sex anymore (cf. ll. 27–33). Although Sam feels tense and uncomfortable with the situation he pretends to be relaxed (cf. ll. 36–39). He is obviously trying to avoid any serious issues. When Alicia informs Sam that she is late with her period, he pretends to be naive or ignorant (cf. ll. 40–46). Although he had expected the unpleasant news, he feels trapped, not knowing what to say or do. He is unable to ask further questions and starts worrying about his own future. Even though Sam knows that he should be thinking about Alicia and the baby, he feels the urge to go home (cf. ll. 47–51). He even tries to create some emotional distance by referring to the baby as "it" (l. 51). Just for the sake of saying something, Sam suggests buying a pregnancy test, which they cannot do because they do not have enough money. When Alicia points out that one of them has to go home for some money, Sam does not respond or even bother (cf. ll. 52–70). While Alicia goes home to get some money for the pregnancy test, Sam once again escapes the situation and further negative thoughts by going back to Starbucks, spending the rest of his money there, turning his mobile off and going home (cf. ll. 71/72).

Interpretation of the meeting between Sam and Alicia

Hinweis: Konzentrieren Sie sich bei der Bearbeitung dieser Aufgabe wirklich nur auf das Treffen zwischen Sam und Alicia. Analysieren Sie sowohl die inhaltlichen Aussagen als auch die Sprache beider Hauptfiguren. Werten Sie die Reaktionen beider und schließen Sie auf deren Verhältnis zueinander. Eine Interpretation erfordert immer, dass Sie Ihre Aussagen am Text belegen. Beachten Sie auch die Hinweise zum Operator „interpret" im Kapitel „Anforderungsebenen und ausgewählte Leitbegriffe".

Alicia and Sam meet at "their Starbucks" (cf. l. 14) at 11 a.m. on the day of Sam's 16th birthday. Alicia has urged Sam to come there because she wants to tell him that she is probably pregnant. When Sam arrives, Alicia is sitting "with her back to everyone" (l. 34) and Sam, the narrator, has the impression that she looks "pale and frightened" (l. 35). She is obviously concerned and embarrassed about her situation as she does not want to face any of the other customers. After a cold and distant greeting, a short congratulation on his birthday, she bluntly tells Sam about her situation (cf. ll. 36, 40). Although she does not say so directly, she wants Sam to take responsibility and initiative. She, for example, wants him to pay for, or at least to share the costs of the pregnancy test (cf. l. 65). Generally, Alicia seems to be more active than Sam. She, for instance, tells him what to do next and goes home herself to fetch some money (cf. l. 70). However, she appears to be embarrassed about her situation. This becomes evident when Alicia insists on leaving the chemist's because of seeing a friend of her mum's. Alicia is obviously afraid that her family might find out about her situation (cf. ll. 58–61). Nevertheless, she is determined to find out about a possible pregnancy with the help of a test. If you take a closer look at the way she speaks, you will notice that she mainly uses short and simple sentences, which are often elliptical (cf. ll. 43, 46) or consist of only one word (cf. ll. 54, 65). Alicia mainly answers Sam's questions (e. g. ll. 43, 46, 56) but does not ask a lot of questions in return. She appears to be distant and unemotional.
Sam, who is reluctant to meet Alicia because he foresees the problem he will be faced with, tries to escape the situation by pretending to have misunderstood her (cf. ll. 36/37). He does not want to imagine a future as a teenage father (cf. ll. 38/39). His relationship with Alicia seems to have finished some time ago as he, for example, mentions a girl called Nikky who he went out with the night before (cf. ll. 9/10). Sam's worries are only centred on himself – and not on Alicia or the baby, which he refers to as "it" to show emotional distance. (cf. ll. 47–51). Even though his questions give the impression of compassion, his thoughts are selfish.

Sam is aware of the fact that he should take responsibility but he is not even able to keep up the conversation (cf. ll. 47–52). Sam proves that he is too inexperienced and immature to cope with the situation (cf. ll. 44, 52). His reactions at the end of the scene emphasize this again: he just pretends that the problem does not exist by leaving Alicia alone (cf. ll. 71/72). His way of speaking supports the impression of an immature teenager. He uses colloquial words such as "thick" (l. 38) which are typical of teenage language. In the dialogue parts he mainly asks questions (e. g. ll. 42, 45, 55), which, once again, shows his inexperience and immaturity. Apparently he is unable to fulfil Alicia's expectations. In the narrative parts Sam reflects on his intentions, thoughts and feelings (cf. ll. 37–39). He also uses rhetorical questions to do so (cf. l. 44: "… but what did I know?"). The elliptical sentence "Her and it" (l. 51), in which he uses "her" instead of Alicia's name and "it" instead of "him/her", underlines his emotional distance to his (former) girlfriend and his child-to-be. Generally speaking, his replies are short and matter-of-fact (cf. ll. 64, 67), especially when he is expected to show responsibility or initiative.

All in all, both Sam and Alicia seem to be unable to cope with the issue of Alicia's possible pregnancy. They do not seem to be able to communicate with each other. Sam's reactions show that he is no longer interested in Alicia. He does not want to communicate with her and he does not want to be a teenage father. He is worried about his future, not theirs. He is too young and immature to take responsibility. Alicia does not seem to see any future in their relationship either, but she is looking for support in her difficult situation, which Sam is neither willing nor able to give. Sam in particular seems to realize that they should have thought about possible consequences when they had sex with each other. From my point of view, there is no future for them as a couple. However, if they have a baby, both of them must take on responsibility for him or her.

Dialogue

Hinweis: Diese kreative Aufgabe bietet Ihnen vielfältige Gestaltungsmöglichkeiten. Da Sie die Entwicklung der Charaktere im Roman nicht kennen, können Sie Ihrer Fantasie hier freien Lauf lassen. Selbst eine grundlegende Charakteränderung ist möglich. Wichtig ist jedoch, dass klar zu erkennen ist, warum sich beide Jahre später im Café treffen und wie sich beide seit ihrem letzten Kontakt entwickelt haben. Finden Sie einen angemessenen Anfang und bringen Sie das Gespräch sinnvoll zu Ende. Da es sich hier um ein informelles Gespräch handelt, sollten Sie auf Elemente des mündlichen Sprachgebrauchs achten (z. B. Kurzformen, teilweise kurze, elliptische Sätze, umgangssprachliche Wörter und Wendungen, gesprächstypische Wendungen zum Ausdruck von Meinungen, Gefühlen, ...). Regieanweisungen zur Beschreibung von Ort, Zeit, Mimik, Gestik, ... sind möglich (und sicher werterhöhend), aber nicht unbedingt erforderlich.

(10 years later Alicia and Sam meet in a café in Manchester)
A = Alicia S = Sam

S: Excuse me, is this seat taken?
A: No, please sit down.
S: Excuse my asking, but you look kind of familiar to me.
A: I bet I do, Sam. Does the name Alicia ring a bell?
S: Oh my …, do you want me to leave?
A: No, please stay. This gives us the chance to talk about things we should have talked about a long time ago.
S: Perhaps you're right. Running away from problems is not a good way to solve them – believe me. I've learned that lesson in recent years. But Alicia, how come you look so totally different – so beau …?

A: People change, you know, as you seem to have changed as well. What are you doing here in Manchester?

S: Oh, I've lived here for the past nine years. First I studied Business Administration at Manchester University and then I got a job here – I work for a big insurance company. And we live in a nice house in a suburb of Manchester.

A: Who is "we"?

S: My wife Nikky and our two little kids, Ben and Cathy.

A: Is Nikky the girl you were dating when we lived in Stockport?

S: Oh yeah, do you remember her? But what about you, do you also live in Manchester?

A: No, I don't, I'm attending a conference at the university here. I actually live in London and I'm single – which I don't regret, by the way. I'm quite successful in my job and I have lots of friends.

S: What do you do?

A: I'm a psychologist. After my studies I started working at a hospital, but now I teach at London University. Perhaps you sort of encouraged me to study psychology.

S: What do you mean, Alicia?

A: Well, when you left me alone with "our" problem, I had nobody to turn to, I obviously couldn't talk to you and I certainly couldn't talk to my parents. In that situation I would have loved to have somebody who could give me advice and comfort. Also, I couldn't understand why you could be so cruel and leave me alone with all this.

S: I'm sorry, Alicia, at that time I was simply too young and afraid of taking any responsibility. The thought of being a teenage father, which would have meant to give up all my future dreams, was simply unbearable for me. I know now that it was wrong to leave you alone with the problem – but I couldn't help it, I just had to run away. After a sleepless night I felt bad the next day and I was really willing to contact you, but then, when I switched on my mobile I read your message, which said: "I can't believe that you are such an asshole. Don't you dare contact me again! By the way, I'm NOT pregnant. A." That's still etched on my memory. On the one hand, I was kind of hurt by your words but, on the other hand, I was relieved to have lost a real burden.

A: Well, to make a long story short, I bought the pregnancy test and took it on the same day. I was happy with the result but I was furious with you. Understandable, isn't it?

S: It certainly is. Sorry again. The strange thing was that we just had sex once and bang … We never even had a relationship.

A: Thank God that there was no "bang"! Oh, it's already ten to two, my lunch break is almost over and I have to rush back to my conference. It was kind of nice meeting you again. And, wow, Sam, we are now obviously able to have a proper conversation with each other!

S: Yeah Alicia, it was nice meeting you, too. Don't you think we should exchange telephone numbers?

A: Have you missed me in the past 10 years, Sam? Let's leave it as it is. Take care.

S: You too, Alicia. Goodbye and sorry again. *(644 words)*

Leistungskurs Englisch (Thüringen): Abiturprüfung 2010
Teil A – Hörverstehen

- *Welcome to part A of your examination: listening comprehension.*
- *Please read the worksheets carefully. You have four minutes.*
- *Now you will hear the text for the first time. You may take notes and/or do the tasks.*

(text: see below)

- *Now do the tasks on your worksheets. You have seven minutes. Then you will hear the text for the second time.*
- *Now you will hear the text for the second time.*

(text: see below)

- *Now complete the tasks on your worksheets. You have seven minutes.*
- *Time is over. Please stop writing and hand in your papers.*

Worksheet

1. Complete the sentences. Tick (✓) the correct option.
   There is only one solution.
   The readers' contributions appear in chronological order. 4

   a) The majority of people leaving New York City hate the
   - ☐ *high property prices.*
   - ☐ *high taxes.*
   - ☐ *high crime rate.*
   - ☐ *high level of pollution.*

   b) One reader remarked that to him leaving New York City was almost like
   - ☐ *being jailed for petty crimes.*
   - ☐ *being turned down by friends.*
   - ☐ *being sentenced innocently.*
   - ☐ *being sent to no-man's-land.*

   c) Another one stated that New York City was living off
   - ☐ *its reputation.*
   - ☐ *its reality.*
   - ☐ *its welfare.*
   - ☐ *its tourism.*

   d) A further reader added that living in New York City meant
   - ☐ *saving $2,000 per year.*
   - ☐ *requiring an additional $2,000 yearly.*
   - ☐ *paying $2,000 in state and city taxes.*
   - ☐ *having a disposable income of $2,000 per month.*

2. Complete what Ray says about some other places of living concerning: 3

a) Government: costs less but ____________________

b) Homes: cost less but have less around

c) People: nice but ________________

d) Weather: great but ________________

3. Fill the grid with the missing information about Hychkok and Chris. 5

	Hychkok	Chris
moved to New York City from:	–	–
moved to NYC because of:	– – friends and acquaintances close by	– – amenities – services – – better living conditions

4. Complete the following sentences with appropriate words and phrases from the broadcast. 3

a) One jobless reader wrote that it would break his heart if he had to ________________ of New York City.

b) Barbara Jones will become unemployed and does not know where to go. But she is sure that she will miss the _____________ of the city.

c) Another reader compared New York City to a flower of a ___________.

Lösungsvorschlag

Transcript: Only in New York: Leave and Let Leave

Welcome to "Only in New York", a podcast from the New York Times about things that could only happen in New York.

I asked readers at NYTimes.com the other day whether they would ever consider leaving the city. The question was posed in the context of the recession, but it unleashed a broader emotional outpouring that amounts to a love letter to New York.
Sure, those who weighed in are a self-selected group: Times readers with ready access to the Internet; people who aren't working two or three jobs and could take the time to read my post and to respond. And, yes, plenty of readers said they were fed up with high taxes imposed by political lowlifes, were packing to leave, wanted to if only they could sell their house or apartment, or had already fled the city and didn't miss it or that New York is no longer the city they remember or no place to raise kids – or even a dog – that to survive you've got to be rich or young.

"Leaving New York," one reader commented, "is almost like having served a prison sentence for a crime that was not committed."

"New York is living off its reputation and not reality," said another. "People wear the 'New Yorker' badge with unwarranted honor, a sign of some sort of victory."

Some readers sounded downright desperate: Even if they could leave, where would they go?

Which was precisely the point made by so many other New Yorkers who live in the city or who left and can't wait to move back.

"From all the comments on here," a reader wrote, "one would think that 'quality of life' boiled down to disposable income and square footage."

Said another: "It comes down to this: Do you want to live in the greatest city in the USA, or do you want to save $ 2,000 a year and live in the suburbs of St. Louis? It sure sounds like some of you are disappointed in New York because you never figured out how to live here."

"To me," one wrote, "all these people leaving the city because it's not as easy as it once was for them is just a natural Darwinian process that thins out the wussies from the New York City herd."

Still another placed the high costs in context: "Yes, everyone knows that living here is expensive, but there's a reason: it simply adds up to demand. It's expensive to be here because so many other people want to be here as well, because the city has so much to offer."

Ray, who moved to New York in 2007 after living in California for 20 years, suggested people try living elsewhere first: Yes, he said, in some other places "government costs less but it also does a lot less. Yes, homes cost less, but you have way less around you. Sure the people are nice, but they're not really as interesting. Sure the weather is great, but even 250 days of continual sunshine can be a bore."

And listen to Hychkok, who's moving back to the city this summer from the suburbs: "I hate having to drive everywhere. […] I'll pay to live where I can walk and run into a dozen friends and acquaintances on the street." […]

Chris couldn't wait to return from low-tax Florida. New York's state and city taxes, Chris wrote, "are a small price to pay for the culture, amenities, services, public transit, all of which the rest of the country sorely lacks. A bad day in the Village, Chelsea, Williamsburg, Park Slope, the Upper West Side, Gramercy, Carroll Gardens and a zillion other parts of New York City is better than the best day I ever had living in Miami."

Several responses were positively poetic.

"The thought of leaving the city, while it becomes more attractive with each passing jobless day, is breaking my heart. I love this town, with its post-apocalyptic standard of living, the cost of every breath of air, the maze of its illusive, forever out-of-reach opportunities, with the mirage of success and reality of poverty, the beat downs and drug infestation, on the streets and in the mind, with its sick, and homeless and desperate and repressed. I love it all. I'll take it. I am never moving out."

Barbara Jones pleaded: "I'm going to lose my job soon and I'm going to have to leave. Where do I go? Someone, please tell me where I can find the vibrancy, the humor, the sarcasm, the irreverence and the beauty of this city?"

"New York City is my reality," one reader wrote. "The world is a cactus and New York City is its flower."

The "Only in New York" podcast will be on hiatus for a few months. We'll be back in September. Thanks so much for listening. I'm Sam Roberts.

1. Complete the sentences. Tick (✓) the correct option.
   There is only one solution. The readers' contributions appear in chronological order.

   a) The majority of people leaving New York City hate the
      - [ ] *high property prices.*
      - [x] *high taxes.*
      - [ ] *high crime rate.*
      - [ ] *high level of pollution.*

   b) One reader remarked that to him leaving New York City was almost like
      - [ ] *being jailed for petty crimes.*
      - [ ] *being turned down by friends.*
      - [x] *being sentenced innocently.*
      - [ ] *being sent to no-man's-land.*

   c) Another one stated that New York City was living off
      - [x] *its reputation.*
      - [ ] *its reality.*
      - [ ] *its welfare.*
      - [ ] *its tourism.*

   d) A further reader added that living in New York City meant
      - [ ] *saving $ 2,000 per year.*
      - [x] *requiring an additional $ 2,000 yearly.*
      - [ ] *paying $ 2,000 in state and city taxes.*
      - [ ] *having a disposable income of $ 2,000 per month.*

2. Complete what Ray says about some other places of living concerning:
   a) Government: costs less but *does (a lot) less*
   b) Homes: cost less but have less around
   c) People: nice but *not (really) as interesting*
   d) Weather: great but *a bore / boring*

3. Fill the grid with the missing information about Hychkok and Chris.

	Hychkok	Chris
moved to New York City from:	– *suburbs*	– *Florida / Miami*
moved to NYC because of:	– *having to drive everywhere* – friends and acquaintances close by	– *culture* – amenities – services – *public transit / transport* – better living conditions

4. Complete the following sentences with appropriate words and phrases from the broadcast.

Hinweis: Achten Sie bei Aufgabenstellungen des Typs "Complete ... with (appropriate) words from the broadcast." darauf, dass Sie nur im Kontext der Höraufgabe genannte Wörter und Wortgruppen verwenden dürfen, keine Synonyme, Umschreibungen usw.

a) One jobless reader wrote that it would break his heart if he had to move out of New York City.

b) Barbara Jones will become unemployed and does not know where to go. But she is sure that she will miss the vibrancy / humour / sarcasm irreverence / beauty of the city.

c) Another reader compared New York City to a flower of a cactus.

Leistungskurs Englisch (Thüringen): Abiturprüfung 2010
Teil B – Task 1

The decline and fall of books

Like so many prototypes of supposedly revolutionary inventions, the Espresso Book Machine (EBM) fails to impress. Sited in a branch of Blackwell's[1] in Charing Cross Road, London, the machine resembles an oversized photocopier with extra bits. Can this be part of, as a Blackwell's executive has claimed, "the biggest change since Gutenberg"?

It is an attractive idea. Wouldn't it be marvellous to go into a shop knowing that if the book you wanted was not in stock, you could get it printed specially for you? Or that you could browse the catalogue and get copies of whatever you fancy in minutes. Blackwell's claims that the EBM offers 400,000 titles, which are digitised[2] texts from libraries and other sources. On receiving an order, the machine takes about 20 minutes to set up the file and then prints a perfectly acceptable paperback book in five minutes. A 400-page book costs about £ 9. [...]

On May 6, 2009, Amazon unveiled a new Kindle e-reader (a widescreen version of the handheld device for reading electronic books). "You never have to pan, you never have to zoom, you never have to scroll. You just read." said Jeff Besos, Amazon's chief executive, at the New York launch. It is yet another indication that the book industry could do with a new way of distributing and selling books.

Booksellers are struggling to make a go of shops with large ranges of slow-turning stock, and they are paying prohibitive rents. Leading publishers are gambling scary sums of money on books by top authors and celebrities and struggling to underpin their lists with less glamorous titles. Authors, unless they are talented or lucky enough to make the bestseller lists, look on as these firms' ever fiercer battles over dwindling margins eat into royalty payments.

No doubt future generations of the EBM will be less clunky. Then the machine will be well adapted to conform to the theory advanced by Chris Anderson, the author of *The Long Tail*. Businesses would thrive, Anderson argued, by supplying deep ranges of items, many of them selling in small quantities to niche audiences. Amazon is an example. The internet retailer promotes bestsellers heavily, with deep discounts. But it really scores in offering a huge catalogue of titles – many more than a terrestrial[3] bookshop can stock. [...]

The effects of Amazon's activities can be seen all around Blackwell's on Charing Cross Road, once the heart of London bookselling. Now only Foyles, Borders[4] and Blackwell's remain. [...]

A visit to Blackwell's on a weekday afternoon illustrates another problem for terrestrial booksellers. There are fewer than ten customers in the shop. They have the run of thousands of square feet of selling space and of thousands of titles. Many of these titles attract buyers just two or three times a year, and those long-awaited sales may bring in no more than the price of a paperback. Meanwhile, Blackwell's is paying premium rents.

Booksellers have managed to make profits from this bizarre business model by balancing new titles, which sell quickly, with deep ranges of stock. The bestsellers pull in customers and generate instant turnover and profits, the backlist[5] ensures continuing custom. The problem now is that profits from the bestsellers have sharply declined. [...]

In spite of the scary economics, celebrity books and other blockbusters have made a lot of money for publishers in the past few years. Will our appetite for such books be as strong in a credit crunch? It must be doubtful. Publishers are praying that the trend can survive, however, because the economics of the rest of their businesses is also looking dodgy.

The publishing model has a lot in common with the bookselling one: in theory, the best-selling titles bring in the turnover and profits and the rest of the list provides the bedrock of the business. But publishing the so-called "midlist", or any book that does not come with some kind of marketing angle has become more difficult. [...]

Practices that have been normal in the book industry for years are becoming unsustainable. You pay an author an advance – say £15,000 – that is probably too large, even though it is too small as recompense for what may have been a year's work. You print 1,000 hardbacks and manage to sell 800 copies to booksellers. Lorries bring them to your warehouse and take them out again to the shops. The book gets a few reviews, but no recognition from prize jurors. Half of the copies come back and then, along with the 200 that never left, get pulped. A year later, the paperback comes out. Richard and Judy[6] fail to recommend it, the booksellers do not select it for their three-for-two promotions[7]. The lorries go to and fro again and more books get pulped. No wonder publishers are looking for new authors through low-cost ventures. [...]

This is where digital technology, such as the EBM and electronic devices, including the Sony Reader, comes in. Printing thousands of books that sit in warehouses or on booksellers' shelves, only to be pulped, is unsustainable. But remember the long tail: there may be a demand, albeit "niche", for these texts. It makes sense to create digital files that can be downloaded or printed according to demand. [...]

Perhaps the digital revolution will decentralise publishing and bookselling, as Gutenberg's movable type did in the 15th century. Publishing, printing and bookselling may come together again. Will the bookshop of the future consist of a few hundred bestsellers and a print-on-demand machine? [...]

A Gutenberg-style revolution is not, on this evidence, expected in the next few months. But if you are a lover of well-stocked bookshops, then you should enjoy them while you can.

By Nicholas Clee. From: The Times, May 7, 2009

Annotations:

1 Blackwell's: bookshop
2 to digitise: to change data into a digital form that can be easily read and processed by a computer
3 terrestrial: *here:* traditional
4 Foyles, Borders: names of bookshops
5 backlist: the list of books that have been published by a company in the past and are still available
6 Richard and Judy: an Internet bookclub
7 three-for-two promotions: to buy three books for the price of two

Tasksheet

Do the following tasks, using your own words as far as appropriate. 40 BE

Write a text in which you contrast the decline and fall of traditional bookshops with the new trends and their advantages in the publishing, printing and selling of books.

Analyse the author's view about recent developments in the book industry and the language he employs.

"If you are a lover of well-stocked bookshops, then you should enjoy them while you can."
Discuss the pros and cons of traditional bookshops.
Write at least 350 words and count your words.

Lösungsvorschlag

Working with the text

Traditional bookshops versus new trends in the publishing, printing and selling of books

Hinweis: Präsentieren Sie die Lösung, wie in der Aufgabenstellung gefordert, in einem zusammenhängenden Text. Andere Darstellungsformen, wie z. B. eine Tabelle, sind <u>als Teil des Textes</u> möglich. Halten Sie sich möglichst <u>nicht</u> an die vom Text vorgegebene Reihenfolge der inhaltlichen Fakten, sondern finden Sie eine geeignete logische Struktur, um die Kontraste herauszuarbeiten. Achten Sie darauf, möglichst alle im Text genannten Fakten zu verwerten.

Traditional bookshops have recently been faced with new trends in the publishing, printing and selling of books, such as Internet retailers, the "Espresso Book Machine" and the "Kindle e-reader". As a matter of fact, these new trends have led to the decline and fall of bookshops. The article "The decline and fall of books" by Nicholas Clee provides a number of arguments to illustrate this.
According to the text, bookshops have to compete for efficiency, which is difficult for different reasons. On the one hand, bookshops offer a wide variety of books to attract customers. On the other hand, buyers obviously only come to bookshops two or three times a year, which consequently leads to a slow stock-turnover and dissatisfaction on the part of the shop owners as far as the cost-effectiveness of their businesses is concerned. For this reason and due to the fact that shop-rents have risen tremendously, profits have sharply declined.
Unfortunately, this has also affected profits from bestsellers, which always helped to attract customers in the past. Another reason for the decline of bookshops is that traditional practices in the book industry have become unsustainable. For example, large numbers of books are taken to warehouses and shops, only to be re-collected later to be destroyed because they could not be sold or stored. What is more, the increased costs in the production of books and the possible impact of the financial crisis will add to the problems of traditional bookshops.
In contrast, the sale of books via Internet retailers like Amazon seems to boom. Amazon, for example, promotes bestsellers heavily and offers high discounts. However, their main advantage is that they offer a huge catalogue of books catering for all kinds of tastes and interests. Amazon's latest development, the "Kindle e-reader" makes the print-versions of books unnecessary as this handheld device allows people to read electronic books without having to pan, zoom or scroll.
Sited in one of London's major bookshops, the "Espresso Book Machine" (EBM), one of the latest inventions in the book industry, offers 400,000 digital versions of texts from libraries and other sources. Customers may browse the huge catalogue and print books on demand within a short time and at reasonable prices. So the machine, which reminds one of an oversized photocopier, can set up a file within 20 minutes and print the paperback book within 5. A book consisting of 400 pages costs the customer about £ 9. In addition, the EBM has a big advantage over bookshops: since books do not have to be stored, they need not be destroyed if not sold, which helps to make the sale of books more sustainable.

Analysis of author's view and his language

Hinweis: Hier geht es um die Analyse der Autorenposition und die Analyse der Sprache im Text. Diese Teilaufgaben können separat bearbeitet oder sinnvoll miteinander verknüpft werden. Bei der Analyse der Autorenposition geht es zunächst darum, herauszufinden, ob die Meinung des Autors im Text, direkt, indirekt oder nicht sichtbar wird, d. h. festzustellen, ob der Autor die Fakten objektiv oder subjektiv gefärbt präsentiert. Untersuchen Sie dazu den Inhalt, die Struktur und die Sprache des Textes. Wie bei jeder Analyse ist es wichtig, alle Behauptungen und Erklärungen am Text durch direkte bzw. indirekte Zitate zu belegen.

At first glance, the author of the given article seems to give an objective, balanced and unbiased presentation of the topic. He presents developments and trends in the book industry without offering his own opinion directly. He tries to remain neutral and objective towards both traditional bookshops and the new trends by concentrating on facts rather than subjective evaluations (cf. ll. 33–37). Furthermore, he relies on expert knowledge and evaluations, which he uses in a number of direct and indirect quotations (cf. ll. 3/4, ll. 7–11, ll. 13–15, ll. 25/26). He provides evidence in his line of argument by referring to concrete examples and figures (cf. ll. 7–11, 12/13, 52–57).
The neutral perspective is also due to the language in the text. To a large extent the text is neutral to formal and matter-of-fact in style, including some technical and business terms which are generally known (cf. ll. 12–16, ll. 38–41).
At second glance, you will see that the author actually gives a few evaluations in his line of argument, which are, however, all based on convincing evidence (e.g. ll. 1/2: "... the Espresso Book Machine (EBM) fails to impress.", l. 23: "No doubt future generations of the EBM will be less clunky.", ll. 59/60: "No wonder publishers are looking for new authors through low-cost ventures.", ll. 64/65: "It makes sense to create digital files that can be downloaded ..."). The topic seems to be important to the author, which is why he tries to involve the reader by asking a number of rhetorical questions (cf. ll. 3/4, ll. 5–7, ll. 43/44, ll. 68/69) and by addressing the reader directly (cf. ll. 6/7, ll. 71/72). In the last sentence the author seems to give some personal advice when he asks his readers to enjoy bookshops as long as they can (cf. ll. 71/72). The use of evaluative adjectives (e.g. l. 1: "supposedly revolutionary inventions", l. 38: "bizarre business model", l. 42: "scary economics") and irony (ll. 68/69: "Will the bookshops of the future consist of a few hundred bestsellers and a print-on-demand machine?") create some subjectivity. In addition, the author uses metaphorical language to add more colour to his article (e.g. l. 31: "the heart of London bookselling", l. 43: "our appetite for such books").
All things considered, the author tries to remain neutral in his line of argument. However, you get the impression that, on the one hand, the author is open to new developments in the book industry but, on the other hand, seems to regret the decline of the traditional bookshop.

The pros and cons of traditional bookshops

Hinweis: Die Transferaufgabe fordert das Schreiben einer freien Erörterung. Natürlich können Sie im Ausgangstext genannte Argumente und Fakten nutzen, achten Sie jedoch darauf, dass Sie in Ihrer Argumentation über die Inhalte des Textes hinaus gehen und eigene Gedanken präsentieren. Da es sich hierbei um eine Erörterung handelt (Operator: „discuss"), müssen Sie berücksichtigen, dass Sie in Ihrer Argumentation möglichst objektiv bleiben und verschiedene Pro-/Kontra-Argumente darstellen. Die Präsentation der eigenen, subjektiven Position ist zwar erwünscht, darf aber nicht dominieren. Ein guter Text enthält eine Einleitung, in der auch das vorgegebene Zitat eingebunden wird, einen Hauptteil (Diskussion von Pro und Kontra) sowie einen Schluss (Zusammenfassung, Schlussfolgerungen, Ausblick ...). Achten Sie in Ihrer Argumentation unbedingt auf vollständige, schlüssige Argumente (die 3 Bs: Behauptung, Begründung, Beweis). Der Lösungsvorschlag hier ist wesentlich umfangreicher als gefordert (mind. 350 Wörter). Dies ist allerdings beabsichtigt, um Ihnen eine Reihe von möglichen Argumenten vorzustellen.

Nicholas Clee concludes his article "The rise and fall of books", published in *The Times* of 7th May 2009, with the following sentence: "If you are a lover of well-stocked bookshops, then you should enjoy them while you can." In other words, Clee suggests that, due to the latest trends and developments in the book industry, traditional bookshops have no future. Therefore, the essay at hand will discuss the pros and cons of traditional bookshops.
On the one hand, most people are happy with traditional bookshops, most of which have their special charm, especially when you think of second-hand bookshops with their unique smell,

which offer books at reasonable prices and remind people of history and tradition. Should we not try to preserve certain traditions because they are an essential part of our culture?
In addition, bookshops allow people to just walk in and hold "real" books in their hands. Customers may leaf through the books of their interests or get attracted to other books by looking at their titles and covers. Most people do not want to miss the feeling of turning a real page in contrast to reading a digitised version of a text on a screen, which has been made possible by computers or one of the latest inventions, the Kindle e-reader or Apple's iPad.
Furthermore, surveys have shown that bookshops are a place of socialising for people of similar interests. Successful modern bookshops offer not only a wide range of books but also the opportunity of listening to well-known authors reading out passages from their books or of having a cup of coffee or tea while browsing through books or magazines of your interest. Go to Brendel's bookshop in Gera, for example, to experience how much the private owner loves books and her customers.
The biggest advantage of traditional bookshops, however, is that well-trained and committed assistants can give you advice and support in finding the book that matches your demands and interests. Can an Internet catalogue replace the advice given by real people?
On the other hand, lovers of modern technology argue that traditional bookshops do not meet the needs of our fast-paced society anymore. Their main argument is that traditional bookshops usually stock mainstream books (bestsellers) so that you have to place an order for a special-interest book, which makes the purchase of a book inconvenient because you have to go to the shop at least twice. Internet retailers like Amazon, instead, give customers quick and easy access to a wide range of books, which are delivered quickly and free of postage to people's homes. At this point I must admit that I also appreciate the services that Internet retailers like Amazon offer. So, in recent years, I have bought about 80 per cent of my books via Amazon.
What is more, latest developments like the Kindle e-reader or the iPad, which make it possible to read the digitised versions of books conveniently, or machines printing books on demand such as the Espresso Book Machine at Blackwell's in London seem to be more sustainable. This is due to the fact that bookshops usually destroy large quantities of unsold books, which, of course, poses a threat to our environment in many respects. Although reliable data cannot be provided here, I believe that more than 50 per cent of all books printed are eventually pulped.
Seen from an economic point of view, traditional bookshops do not seem to be very efficient. Studies prove that, in recent years, rents and labour costs have risen tremendously and that profits have fallen, which has consequently led to the closing down of a large number of inefficient bookshops. If you need proof, compare the current number of bookshops in your hometown with their number 10 years ago.
In conclusion, traditional bookshops have their pros and cons. In my opinion, their future will depend on the way they respond to new developments in the book industry. If bookshops attract customers by exploiting their advantages on the market, people will probably still be able to enjoy the special charm of a bookshop in the future. However, we must not forget that new trends and technology make our lives easier. All things considered, the "peaceful coexistence" of tradition and future-oriented trends in the book industry would be most welcome.

(716 words)

Leistungskurs Englisch (Thüringen): Abiturprüfung 2010
Teil B – Task 2

Extract from: **Never Let Me Go**

"He doesn't suspect a thing. Look at him. He really doesn't suspect a thing."

When Ruth said this, I looked at her and searched for signs of disapproval about what the boys were going to do to Tommy. But the next second Ruth gave a little laugh and said: "The idiot!" [...]

We were gathered around the windows at that moment not because we relished the prospect of seeing Tommy get humiliated yet again, but just because we'd heard about this latest plot and were vaguely curious to watch it unfold. [...]

When I saw Tommy rushing about the football field, undisguised delight on his face to be accepted back in the fold again, about to play the game at which he so excelled, maybe I did feel a little stab of pain. What I do remember is that I noticed Tommy was wearing the light blue polo shirt he'd got in the Sales[1] the previous month – the one he was so proud of. I remember thinking: "He's really stupid, playing football in that. It'll get ruined, then how's he going to feel?" [...]

The other boys were all moving around the field in that deliberately languorous[2] way they have when they're warming up, but Tommy, in his excitement, seemed already to be going full pelt[3]. [...]

Then the boys had stopped kicking the ball about, and were standing in a pack in the mud, their chests gently rising and falling as they waited for the team picking to start. The two captains who emerged were from Senior[4], though everyone knew Tommy was a better player than any of that year. They tossed for first pick, then the one who'd won stared at the group.

"Look at him," someone behind me said. "He's completely convinced he's going to be first pick. Just look at him!"

There *was* something comical about Tommy at that moment, something that made me think, well, yes, if he's going to be that daft, he deserves what's coming. The other boys were all pretending to ignore the picking process, pretending they didn't care where they came in the order. Some were talking quietly to each other, some re-tying their laces, others just staring down at their feet as they trampled on the mud. But Tommy was looking eagerly at the Senior boy, as though his name had already been called.

Laura kept up her performance all through the team-picking, doing all the different expressions that went across Tommy's face: the bright eager one at the start; the puzzled concern when four picks had gone by and he still hadn't been chosen; the hurt and panic as it began to dawn on him what was really going on. I didn't keep glancing round at Laura, though, because I was watching Tommy; I only knew what she was doing because the others kept laughing and egging her on. Then when Tommy was left standing alone, and the boys all began sniggering, I heard Ruth say: "It's coming. Hold it. Seven seconds. Seven, six, five ..."

She never got there. Tommy burst into thunderous bellowing, and the boys, now laughing openly, started to run off towards the South Playing Field. Tommy took a few strides after them – it was hard to say whether his instinct was to give angry chase or if he was panicked at being left behind. In any case he soon stopped and stood there, glaring after them, his face scarlet. Then he began to scream and shout, a nonsensical[5] jumble of swear words and insults. He was just raving, flinging his limbs about. Each time he stamped the foot back down again, flecks of mud flew up around his shins. [...]

"I suppose it is a bit cruel," Ruth said, "the way they always work him up[6] like that. But it's his own fault. If he learnt to keep his cool, they'd leave him alone."

"They'd still keep on at him," Hannah said. "Graham K.'s temper's just as bad, but that only makes them all the more careful with him. The reason they go for Tommy's because he's a layabout." [...]

Tommy was still going strong[7] as we came out of the pavilion. The house was over to our left, and since Tommy was standing in the field straight ahead of us, there was no need to go anywhere near him. In any case, he was facing the other way and didn't seem to register us at all. All the same, as my friends set off along the edge of the field, I started to drift over towards him. I knew this would puzzle the others, but I kept going – even when I heard Ruth's urgent whisper to me to come back. [...]

"Tommy," I said, quite sternly. "There's mud all over your shirt."

"So what?" he mumbled. But even as he said this, he looked down and noticed the brown specks, and only just stopped himself crying out in alarm. Then I saw the surprise register on his face that I should know about his feelings for the polo shirt.

"It's nothing to worry about," I said, before the silence got humiliating for him. [...] He went on examining his shirt, then said grumpily: "It's nothing to do with you anyway."

He seemed to regret immediately this last remark and looked at me sheepishly, as though expecting me to say something comforting back to him. But I'd had enough of him by now, particularly with the girls watching – and for all I knew, any number of others from the windows of the main house. So I turned away with a shrug and rejoined my friends. [...]

From: Never Let Me Go by Kazuo Ishiguro, Faber and Faber, London 2005

Annotations:

1 the Sales: when a shop sells its goods at a lower price than usual
2 languorous: lazy, relaxed, not energetic
3 full pelt: moving as fast as possible
4 Senior: (at British schools) students at the age of 15/16
5 nonsensical: ridiculous, with no meaning
6 to work sb. up: to make sb. very angry and upset
7 to go strong: to continue to be active

Tasksheet

Do the following tasks, using your own words as far as appropriate. 40 BE
Illustrate the central conflict depicted in this extract.
Describe and evaluate Tommy's and the other characters' behaviour.
Examine the style and explain its effect on the reader.

"Human dignity is inviolable. It must be respected and protected."
(Article 1 of the Charter of Fundamental Rights of the European Union)
Reflect on this quotation. Write at least 350 words and count your words.

Lösungsvorschlag

Working with the text

The central conflict

Hinweis: Der Operator „illustrate" ermöglicht Ihnen, den zentralen Konflikt des Text in Form einer kurzen, prägnanten Erklärung in Form eines kohärenten Textes oder als grafische Darstellung zu präsentieren. Hier wird die zweite Variante gezeigt.

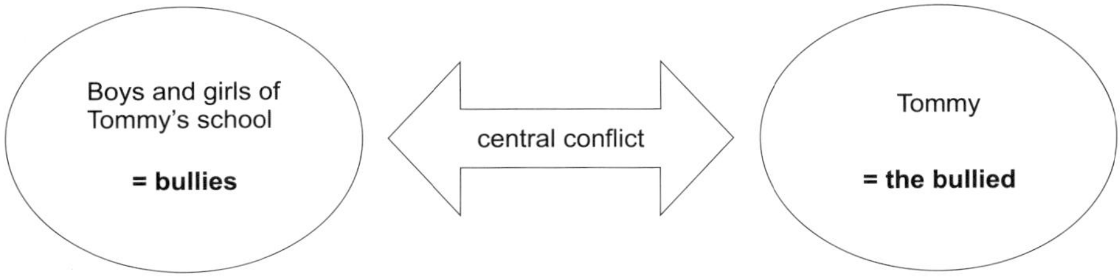

Tommy's and the other characters' behaviour

Hinweis: Die beiden Operatoren „describe" und „evaluate" erfordern, dass Sie das Verhalten der einzelnen Personen bzw. Gruppen detailliert beschreiben und werten. Eine Beschreibung und Wertung von Sachverhalten kann nur in einem kohärenten Text erfolgen. Textbelege sind bei einer Beschreibung nicht erforderlich.

Tommy, the protagonist of the text extract, seems to like playing football and is apparently quite good at it. He is looking forward to a match that is about to take place at his school. He rushes about the football field, eager to play and in excited anticipation of the team-picking process, in which he expects to be one of the first players to be selected. At this point he seems to be a self-confident person who believes in his skills and enjoys the sport. He is also convinced that the others appreciate his skills, which makes him appear somewhat naïve in view of the things to come. Step by step, he realises that he is not going to be picked for a team. His facial expressions and gestures first show puzzled concern, then disappointment and finally anger and despair. He is unable to control his feelings when he starts screaming and shouting swear words and insults at the other boys while stamping his feet on the ground and taking a few steps to run after the others. He obviously realises that the others never planned to pick him but to hurt and bully him. Tommy is desperate and enraged after this humiliation. On the one hand, Tommy's reaction is understandable but, on the other hand, his reaction was exactly what the others had expected and part of the humiliation and fun. When Tommy is addressed by the narrator after that, he just mumbles, looks down and gives defiant answers, which shows how much ashamed and deeply hurt he feels.

The boys in the football field are dishonest and unfair because they give him the feeling of being accepted during the warm-up. After they have successfully played their humiliating game with Tommy, they show what they are really like: they openly laugh at him, run off and leave him standing there alone. As I see it, this kind of behaviour is typical of bullies and particularly mean.

In anticipation of the "fun" to come, the girls curiously watch the whole scene from a window. They already know what is going to happen to Tommy and do not feel sorry for him. A girl called Laura mimics Tommy and makes fun of him. Other girls called Ruth and Hannah insist that it is all Tommy's fault and that he is to blame for his inappropriate behaviour. Although the girls do not bully Tommy openly, they are among his bullies as their behaviour is as bad as the boys'.

The first-person narrator, one of the girls watching the scene, seems to be a little different from the other girls. Whereas the other girls speak derogatively about Tommy in the scene, the narrator just watches the warm-up, not knowing how to react. Her thoughts and descriptions in the narrative parts of the text show that she feels somewhat uncomfortable and sorry for Tommy. She even worries about the look of his polo shirt. After Tommy's humiliation she feels the urge to walk over to Tommy and talk to him. Perhaps this is an attempt to help him, to comfort him. Somehow the narrator seems to feel sympathy for Tommy, perhaps she even likes him. However, she turns away from him when he reacts defiantly. The narrator appears to be disappointed and embarrassed and goes back to the other girls who were watching her all the time.
In my opinion, the narrator is unable to express her real feelings or perhaps help Tommy at this point because the pressure within her peer-group is too high. She is obviously not self-confident enough to rebel against the others.

The style of the text

Hinweis: Wie in der Aufgabenstellung vorgegeben, sollen hier stilistische Textmerkmale im Hinblick auf ihre Wirkung beim Leser analysiert werden. Konzentrieren Sie sich auf einige wichtige Stilelemente, denn eine umfassende Analyse der Stilmerkmale des Textes würde Ihren vorgegebenen Zeitrahmen sprengen. Analyse heißt immer, ein Stilmerkmal zu benennen und im Text nachzuweisen, es im Kontext des vorgegebenen Textes zu erklären und seine Wirkung zu beschreiben. Dies kann selbstverständlich nur in einem kohärenten Text erfolgen.
Bei der Analyse der stilistischen Merkmale in einem literarischen Text sollten Sie sich auf folgende Schwerpunkte konzentrieren:
- *Analyse der Stilebene (register: formal – neutral – informal) durch Untersuchung von Wortwahl (choice of words) und Syntax (syntax: use of simple/complex sentences, use of partiples/participle constructions, characteristics of spoken language such as contracted forms, question tags, ellipses, …)*
- *Analyse von rhetorischen Figuren (z. B. Metapher, Vergleich, Symbol)*
- *Stilistische Besonderheiten im Aufbau und der Präsentation der Textinhalte: hierbei spielt die Analyse der Erzählperspektive (narrative point of view) eine wichtige Rolle.*

The author uses a first-person narrator (cf. l. 2: "I looked at her […]") who presents the story from a limited point of view. Everything is seen through the eyes of the first-person narrator, who partly observes (e. g. ll. 14–21) and partly takes part in the action (e. g. ll. 56–65). In the extract the author uses scenic presentation employing descriptive language so that the reader can visualize the liveliness of the scene. The narrator not only describes the scene, but also expresses feelings and emotions (cf. ll. 8–16). The narrative parts include a lot of direct speech from people involved in the scene (e. g. l. 1, ll. 22/23, ll. 45–49) in order to present different viewpoints. The narrative parts also alternate with dialogues (cf. ll. 56–61), which makes the scene more vivid and easier to understand. The direct speech also makes the text rather informal in register. So the text contains typical characteristics of spoken English, such as contracted forms (e. g. l. 1: doesn't), elliptical sentences (e. g. l. 4: "The idiot!") and informal words and expressions (e. g. l. 49: layabout, l. 47: "They'd still keep on at him"). Furthermore the author uses emotive language to emphasize the different characters' thoughts and feelings (e. g. l. 8: "undisguised delight", ll. 28/29: "looking eagerly", l. 38: "thunderous bellowing"). In the first paragraph the author uses anticipation to create suspense and to make the reader interested in what will happen to Tommy (l. 1: "He doesn't suspect a thing", ll. 2/3: "what the boys were going to do").
All in all, the style of the text makes it interesting and easy to read. The mode of presentation and the narrative point of view involve the readers in the action, so that they will probably sympathise with the protagonist and disapprove of the bullies' behaviour.

Comment: "Human dignity is inviolable. It must be respected and protected."

Hinweis: Die Transferaufgabe fordert das Schreiben einer persönlichen Stellungnahme (Operator: „reflect on") zu einem vorgegebenen Zitat. Auch hier muss Ihr Text eine Einleitung, in der auch das vorgegebene Zitat mit Quelle eingebunden wird, einen Hauptteil (Argumentation) sowie einen Schluss (Zusammenfassung, Schlussfolgerungen, Ausblick ...) enthalten. Achten Sie in Ihrer Argumentation auf vollständige, schlüssige Argumente. In Ihrem Aufsatz sollten Sie unbedingt auf alle im Zitat enthaltenen Schlüsselwörter eingehen: „human dignity" – „inviolable" – „respect" – „protect". Das Aufsatzthema schließt sich thematisch logisch an den Ausgangstext an, verlangt aber nicht zwingend, dass Sie Textinhalte in Ihre Darlegungen einbeziehen. Jedoch ist es möglich, das Thema „Mobbing" auch zum Inhalt der Argumentation zu machen.

The Charter of Fundamental Rights of the European Union states in Article 1: "Human dignity is inviolable. It must be respected and protected." Yet history and everyday life prove that there have been people who have violated the dignity of others by humiliating them.

Human dignity implies the idea that all humans are treated with love and respect, simply because they are humans and regardless of class, race, gender, nationality, culture, education, religion or other divisions. It is deeply connected with a person's self-esteem because human beings need the warmth and protection of others to develop. Everyone wishes to be respected by fellow human beings.

Unfortunately, this is not easy to achieve because there are a lot of people who are prejudiced against people who are different or do not meet certain standards. For example, bullying at schools has become a big problem. Like Tommy, the protagonist of the extract from *Never let me go* by Kazuo Ishiguro, lots of pupils at schools all over the world are bullied simply because they are different. I remember a boy in my class who was bullied by the other boys only because he had different interests and did not wear the brands of clothes and trainers that were in at the time. Although the teachers tried hard to solve the problem, they were not successful and so the boy decided to attend a different school. When I met him some weeks ago, he told me that he did not have any problems with his classmates at the other school. Sometimes I think that the introduction of school uniforms at our schools could solve problems like these.

If you look at everyday life in our society, you will notice that there are people who do not have equal opportunities: handicapped people, socially-deprived children etc. Does this not violate human dignity too? Let us not forget all the immigrants who come to Germany and have to try very hard to be accepted. They are often faced with prejudices because of their appearance, accents, religions or behaviour. Right-wing extremists humiliate and even attack them. The latest crime figures show that the number of crimes with a xenophobic background, especially bodily injury and offences against property, has risen tremendously.

You can also find plenty of examples in human history in which the dignity of people has been violated. Remember all the people who were humiliated and killed in the concentration camps set up by the Nazi-regime: Jews, homosexuals, disabled people, opponents of the regime etc. Think of the Native Americans who had to leave their lands and were killed because white, Anglo-Saxon Protestants who thought that they were superior to them demanded more space.

All in all, human dignity is important for a person's self-esteem and development and must be respected and protected. Since real life proves that human dignity is violated too often, we need charters, constitutions and laws which guarantee this fundamental right to all people. In my opinion, politicians, teachers, parents and everyone else who is involved in the education of people have to work harder to fight prejudices. The state with its judicial system has to protect human dignity by condemning and punishing all violations. *(533 words)*

Ihre Meinung ist uns wichtig!

Ihre Anregungen sind uns immer willkommen. Bitte informieren Sie uns mit diesem Schein über Ihre Verbesserungsvorschläge!

Titel-Nr.	Seite	Vorschlag

Bitte hier abtrennen

Lernen • Wissen • Zukunft
STARK

Bitte hier abtrennen

Zutreffendes bitte ankreuzen!

Die Absenderin/der Absender ist:

- ☐ Lehrer/in in den Klassenstufen: ____
- ☐ Fachbetreuer/in
  Fächer: ____
- ☐ Seminarlehrer/in
  Fächer: ____
- ☐ Regierungsfachberater/in
  Fächer: ____
- ☐ Oberstufenbetreuer/in
- ☐ Schulleiter/in
- ☐ Referendar/in, Termin 2. Staatsexamen: ____
- ☐ Leiter/in Lehrerbibliothek
- ☐ Leiter/in Schülerbibliothek
- ☐ Sekretariat
- ☐ Eltern
- ☐ Schüler/in, Klasse: ____
- ☐ Sonstiges: ____

Unterrichtsfächer: (Bei Lehrkräften!)

STARK Verlag
Postfach 1852
85318 Freising

20-VDN

Bitte ausfüllen und im frankierten Umschlag an uns einsenden. Für Fensterkuverts geeignet.

Kennen Sie Ihre Kundennummer? Bitte hier eintragen.

Absender (Bitte in Druckbuchstaben!)

Name/Vorname

Straße/Nr.

PLZ/Ort/Ortsteil

Telefon privat

Geburtsjahr

E-Mail

Schule/Schulstempel (Bitte immer angeben!)

(Bitte blättern Sie um)